RUCK-ZUCK BACKIDEEN

RUCK-ZUCK BACKIDEEN

Die raffiniertesten Rezepte
für süßen Genuss im Eiltempo

garant

Die besten Rezepte aus der schnellen Backstube

In unserer schnelllebigen und stressigen Zeit haben viele leider keine Gelegenheit mehr, sich etwas Zeit zu nehmen, um in Ruhe für sich und seine Lieben einen schönen, wohlschmeckenden Kuchen zu backen. Für alle, die trotz vieler Verpflichtungen und Termine nicht auf den Genuss eines köstlichen, selbst gebackenen Kuchens verzichten wollen, bietet dieses Buch die optimale Lösung. Die hier vorgestellten Backideen sind blitzschnell in der Zubereitung, aber lang im Genuss.

Innerhalb von durchschnittlich 15 Minuten sind diese Kuchen dank ausgewählter Zutaten und kurzer einfacher Zubereitung im Ofen und dann blitzschnell gebacken. Ob saftige Obstkuchen, raffinierte Rührkuchen, luftige Muffins oder knuspriges Kleingebäck –, mit einfachen Zutaten lassen sich diese Leckerbissen schnell fabrizieren.

Auch auf cremige Torten, duftende Sonntagsbrötchen oder kräftige Quiches muss keiner verzichten. Mit den einfachen schnellen Teigen, dem richtigen Arbeitsgerät und jeder Menge Tipps und Tricks gelingen alle Rezepte in diesem Buch auch Anfängern, die sich bisher dem Backofen noch nicht genähert haben. Eilige oder Ungeübte greifen leider gern auf fertige Kuchen zurück. Da wird das gewünschte Kuchenstück oder Gebäck schnell beim nächsten Bäcker gekauft.

Eine weitere Alternative sind Backmischungen für Kuchen aller Art. In diesen fertigen Paketen ist für den Kuchen schon alles drin, es müssen nur noch frische Zutaten wie Eier, Butter oder Margarine oder Milch hinzugegeben und miteinander verrührt werden.
Im Supermarkt gibt es zudem sogar fertige Flüssigteige. Wem das Anrühren zu aufwendig ist, der kann auf solche Teige zurückgreifen, da bei diesem Angebot die Teigmasse nur noch in die entsprechende Form gefüllt und gebacken wird. Je nach Hersteller sind aber all diese Fertigmischungen, genauso wie der Kuchen vom Bäcker, relativ teuer. Außerdem sind diesen hochgepriesenen Fertigmischungen viele künstliche Aromen und Geschmacksverstärker beigefügt, die ungesund für den Körper sind und verschiedene Zivilisationskrankheiten auslösen können. Daher ist es immer besser, die Kuchenteige selbst zuzubereiten.

Probieren Sie es doch einfach mal aus – Kuchen aus Rührteig ist schnell selbst hergestellt, ist deutlich günstiger und schmeckt tausend Mal besser.

Ob Kuchen mit Quark, Früchten oder Nüssen, mit Cremefüllung oder leckerer Glasur: Ein Stück selbst gebackener Kuchen mit einem ordentlichen Klecks Sahne ist eine Sünde wert. Je nach Jahreszeit und Saison kommen im Frühjahr und Sommer leichte Kuchen mit Rhabarber, Aprikosen oder Beerenobst auf den Tisch, im Herbst und Winter sind Kuchen mit Äpfeln, Birnen, Nüssen und vor allem mit viel Schokolade, Marzipan oder Nugat beliebt.

Backen Sie doch einfach für Ihr nächstes Kaffeekränzchen den einen oder anderen Kuchen nach den hier vorgeschlagenen Rezepten und sie werden begeistert sein, wie schnell auch Sie herrlich duftendes, köstliches Gebäck zaubern können!

Tipps und Tricks für schnelle Kuchen

Pfirsichschälchen mit Schokoladensahne Seite 32

Erdbeer-Johannisbeer-Torte Seite 60

Schnelle Kirsch-Mandarinen-Torte Seite 78

Da unser Alltag leider von Stress und Hektik geprägt ist, nehmen sich viele heute weder die Zeit noch haben sie Muße für das Backen zuhause. Das lange Zusammenmischen, Rühren, Backen und Reinigen der Gerätschaften schreckt sie ab. Viel leichter ist es doch, Kuchen oder Gebäckstücke beim Bäcker zu kaufen. Neben dem Gedanken an den vielen Aufwand sind auch die Kosten ein Grund, auf das Selberbacken zu verzichten. Doch der Gedanke, ein gekaufter Kuchen beim Bäcker sei preiswerter als selbst eingekaufte Zutaten, ist ein Trugschluss. Plant man nicht gerade eine dreistöckige Geburtstagstorte, braucht man zum Backen schneller leckerer Kuchen nicht viele besondere Zutaten. Die Hälfte der benötigten Bestandteile wie Mehl oder Milch findet sich zudem meist schon in einer gut sortierten Küche.

Diese schnellen Kuchenrezepte sind eine wunderbare Idee, wenn unvorbereitet Gäste kommen und man schnell etwas backen muss. Einfache Rühr- oder Biskuitteige sind in solchen Fällen am einfachsten und schnellsten gemacht. Als Boden gebacken, zeichnen sie sich auch durch ihre Vielfalt aus. Ein schnell gebackener Boden kann einfach mit frischem oder Dosenobst belegt werden. Vervollständigt mit einer einfachen Glasur, kann er dann rasch den Gästen gereicht werden. Und Rezepte zum schnellen Backen haben inzwischen überall den Vorzug gegenüber anderen Rezepten, denn wer hat heute noch wirklich Zeit?

Aus Mehl, Wasser, Milch, verschiedenen Backtriebmitteln, Fett, Eiern, Zucker oder sogar Quark lassen sich die unterschiedlichsten Teigarten herstellen. Jede Teigart erfordert ihre spezifischen Zutaten und Arbeitsvorgänge, wobei hier natürlich nur die schnell zubereiteten Arten vorgestellt sind.

Einen wirklichen Grundteig, der sich beim Backen auf alle Backwaren leicht abgeändert anwenden lässt, gibt es leider nicht. Ein Backteig jedoch, der auf eine lange Tradition zurückblicken kann und dazu noch sehr vielseitig ist, ist der Mürbeteig. Weil man nur sehr wenige Zutaten benötigt, wird er oft als Grundteig bezeichnet. Mürbeteig kann entweder mit Zucker oder mit Salz zubereitet werden, je nachdem, ob man ihn für süße oder salzige Backwaren verwenden möchte. Man benötigt nur etwas Mehl, Zucker und Butter sowie eventuell ein bis zwei Eier. Mürbeteig lässt sich schnell und einfach herstellen und für viele Backwaren verwenden. Vor allem für verschiedene Kuchen von Käsekuchen bis zur Nussrolle und für Plätzchen eignet er sich hervorragend.

Biskuit ist die perfekte Grundlage für viele verschiedene Torten. Man kann den ausgebackenen Boden nach Lust und Laune mit Früchten der Saison belegen, mit Tortenguss überziehen und mit Sahne- oder Buttercreme garnieren. Außerdem kann man Rouladen herstellen oder auch Löffelbiskuits. Seine schaumig-luftige

Tipps und Tricks für schnelle Kuchen

Konsistenz passt wunderbar zu frischem Obst und süßen Tortencremes. Die Biskuitmasse aus Eiern, Zucker, Mehl und Butter muss kräftig geschlagen werden und nach dem Rühren sofort im Backofen gebacken werden. Bei der Zubereitung der Biskuitmasse kommt es besonders auf das Schaumigrühren der Eier an, denn diese sind für die luftige, schaumige Beschaffenheit verantwortlich. Bleibt die zubereitete Teigmasse zu lange unverarbeitet stehen, fällt sie leider in sich zusammen und der Biskuitboden erreicht beim Backen nicht die gewünschte Konsistenz und Größe.

Der Rührteig ist ein süßer Teig, der sich zu Kuchen und verschiedenem Gebäck weiterverarbeiten lässt. Die wichtigsten Zutaten sind auch hierbei natürlich Butter, Zucker, Eier und Mehl. Je nach Variante wird der Teig mit oder ohne Backpulver angerührt. Musste man früher ewig rühren, bis sich der Zucker im Teig vollständig aufgelöst hatte, ist der Rührteig heute mit einem elektrischen Handrührgerät schon in fünf Minuten fertig verrührt. Je nach Rezept können dem Rührkuchen dann noch verschiedene Zutaten wie Kakao, Nüsse, Rosinen oder andere Beigaben hinzugefügt werden. Beim beliebten Marmorkuchen wird der Hälfte des Teiges dunkler Backkakao untergemischt. Aber auch andere leckere Kuchen werden aus Rührteig gebacken. Ob Nusskuchen, Sachertorte oder Frankfurter Kranz sowie Spritzgebäck – bei allen diesen Kuchen bildet der kinderleicht und schnell herzustellende Rührteig die Grundlage.

Eine andere Idee für ganz Eilige sind super leckere Kuchen, die ohne Backen auskommen. Diese schnellen Kuchen oder Torten sparen nicht nur Zeit, sondern auch die Strom- oder Gaskosten für das Betreiben des Backherdes. Diese Variante, den Nachmittagskaffee zu bereichern, hat außerdem noch den Vorteil, dass der Kuchen nicht verbrennen kann, was dann wiederum zusätzlichen Aufwand bedeutet.

Für diese Kuchen gibt es viele verschiedene Rezepte und Ideen. Eine Möglichkeit ist, den Boden aus zerbröselten Keksen zuzubereiten. Diese werden mit zerlassener Butter oder Margarine vermischt und anschließend in den Kühlschrank zum Auskühlen gestellt. Während der Zeit kann man sich dann in Ruhe dem Belag widmen. Für einen schnell zubereiteten Belag eignen sich Schlagsahne oder Buttercreme sehr gut. Beim Garnieren lassen sich mit Früchten zudem ganz tolle Effekte fürs Auge erzielen. Aber auch mit Schokolade und Keksen lassen sich leckere einfache Ideen zaubern. Der bekannteste Kuchen dabei ist Kalter Hund. Dazu werden Butterkekse mit einer Schokoladenmasse in einer Kastenform geschichtet, welche hinterher im Kühlschrank nur noch hart werden muss. Dieser Kuchen ist besonders bei Kindern beliebt und für jede Feier einfach zubereitet.

Vollkorntorte mit roten Trauben
Seite 92

Mirabellenkuchen
Seite 102

Pflaumenmuskuchen
Seite 122

Tipps und Tricks für schnelle Kuchen

Pfirsichkuchen mit Mandeln
Seite 136

Schneewittchentorte
Seite 154

Wer einen schnellen Kuchen gebacken hat, möchte sich natürlich auch bei der Dekoration nicht allzu lange aufhalten. Am einfachsten ist es, einen Kuchen mit Puderzucker oder einer Puderzucker-Kakao-Kombination zu bestreuen. Verwendet man dabei eine Schablone, lassen sich beim Bestreuen dekorative Herzen, Sterne oder andere Muster auf den Kuchen zaubern. Auch streufähige Zuckerartikel wie Zuckersternchen oder -streusel, kurz vor dem Servieren auf den Kuchen gestreut, sind hübsch anzusehen.

Schnell ist auch ein Puderzuckerguss mit den verschiedensten Geschmacksrichtungen selbst gemacht, der auf den erkalteten Kuchen gestrichen beziehungsweise gesprenkelt wird. Dazu wird Puderzucker mit etwas Wasser, Zitronensaft, Alkohol oder Fruchtsäften angerührt und mit einem Löffel oder einem Backpinsel auf den Kuchen gestrichen. Zum schnellen Überziehen eines Kuchens eignen sich ebenso geschmolzene Schokolade und Kuvertüre.

Für ganz Eilige gibt es auch die fertigen Kuchenglasuren, die nur noch kurz erwärmt und dann über den Kuchen gegeben werden müssen. Bei diesen einfachen Glasuren hat man im Handel mittlerweile die Wahl zwischen unzähligen Geschmacksrichtungen. Ob helle oder dunkle Schokolade, Vanille, Haselnuss oder Zitrone, für jeden Geschmack ist etwas dabei. Für kleine Mädchen kann man den Kuchen sogar mit einer rosafarbenen Prinzessinnenglasur überziehen.

Aber auch mit geschlagener Sahne oder schnell angerührter Buttercreme lässt sich kurzfristig eine schöne Kuchenverzierung zaubern. Dazu wird diese nur in einen Spritzbeutel gegeben und schon kann man den Kuchen mit verschiedenen Mustern und Rosetten garnieren. Mit ein paar aufgelegten Rosinen, Fruchtstückchen, gehackte Pistazien oder Mandelblättchen ist dann auch ein schneller Kuchen rasch verziert und kann den Gästen oder der Familie stolz serviert werden.

RUCK-ZUCK BACKIDEEN

Großmutters Birnen-Quark-Törtchen

ZUTATEN

Für den Mürbeteig:
150 g Mehl
100 g Margarine
50 g Zucker
Butter zum Ausfetten
Semmelbrösel zum Austreuen

Für die Quarkmasse:
200 g Quark
1 Ei
75 g Zucker
35 g Speisestärke
1 Päckchen Zitronenaroma

Außerdem:
6 Birnenhälften aus der Dose
150 g Aprikosenmarmelade

Tipp:
Der Mürbeteig kann mit verschiedenen Gewürzen verfeinert werden. In jedem Fall gehört eine Prise Salz hinein, die den Geschmack abrundet. Außerdem können abgeriebene Zitronen- oder Orangenschale, Vanille (als Zucker oder Mark), Zimt, Muskat oder Backaromen hinzugefügt werden, auch ein Schuss Rum oder Weinbrand eignet sich gut. Alkohol lockert außerdem den Teig, ebenso wie Quark oder saure Sahne.

Menge:
Für 6 Stück:

Schwierigkeit:
mittel

Zubereitungszeit:
45 Minuten
ohne Wartezeit

ZUBEREITUNG

1. Das Mehl auf eine Arbeitsfläche sieben und die Margarine in Flöckchen daraufsetzen.

2. Den Zucker darüberstreuen und die Zutaten mit bemehlten Händen von außen nach innen schnell zu einem glatten, kompakten Teig verkneten.

3. Den Teig in Klarsichtfolie wickeln und im Kühlschrank mindestens eine Stunde ruhen lassen.

4. Den Teig auf einer bemehlten Arbeitsfläche ausrollen und in der Größe von sechs Tartelettförmchen ausschneiden.

5. Die Tartelettförmchen ausfetten, mit Semmelbröseln ausstreuen und den Teig einlegen.

6. Den Quark mit dem Ei, dem Zucker, der Speisestärke und dem Zitronenaroma glatt rühren und auf den Mürbeteigtörtchen verteilen.

7. Je eine gut abgetropfte Birnenhälfte auf die Quarkmasse legen.

8. Die Birnen-Quark-Törtchen im auf 200 °C vorgeheizten Backofen auf der untersten Schiene 20–25 Minuten backen, herausnehmen und aus den Förmchen nehmen.

9. Die Aprikosenmarmelade erhitzen, durch ein Sieb streichen und die Törtchen damit überziehen.

10. Die Birnen-Quark-Törtchen auf einem Kuchengitter erkalten lassen, dekorativ anrichten und servieren.

1-2-3-Butterkuchen mit Johannisbeeren

ZUTATEN

Für den Rührteig:
140 g Butter
150 g Zucker
3 Eier
280 g Mehl
1 gestr. TL Backpulver
1 Päckchen Zitronenaroma
Butter zum Ausfetten
Semmelbrösel zum Ausstreuen

Außerdem:
200 ml Sahne
2 TL San-apart
1 Päckchen Vanillezucker
1 Schale frische Johannisbeeren

ZUBEREITUNG

1. Die Butter mit dem Zucker in eine Schüssel geben und schaumig schlagen. Die Eier einzeln nach und nach darunterschlagen.

2. Das gesiebte Mehl mit dem Backpulver vermischen und mit dem Zitronenaroma unter die Butter-Ei-Masse rühren.

3. Sechs Tartelettförmchen mit Butter ausfetten und mit Semmelbröseln ausstreuen.

4. Den Teig einfüllen und die Törtchen im auf 180 °C vorgeheizten Backofen 20–25 Minuten backen.

5. Die fertigen Törtchen aus dem Ofen nehmen, vorsichtig auf ein Kuchengitter stürzen und vollständig erkalten lassen.

6. Die Sahne mit San-apart steif schlagen, mit Vanillezucker verfeinern, in einen Spritzbeutel mit Lochtülle füllen und die Sahne auf die Törtchen spritzen.

7. Die Johannisbeeren verlesen, waschen und gut abtropfen lassen. Die Törtchen damit belegen, garnieren und bis zum Verzehr kühl stellen.

Variation:
Wenn Sie auf den Weißwein verzichten möchten, so sollen Sie dafür einen Fruchtsaft verwenden.

Menge:
Für 6 Stück:

Schwierigkeit:
leicht

Zubereitungszeit:
45 Minuten ohne Wartezeit

Versunkene Kirschtörtchen

ZUTATEN

Für den Rührteig:
140 g Butter
140 g Zucker
3 Eier
140 g gemahlene Walnüsse
80 g geraspelte Zartbitterschokolade
80 g Semmelbrösel
Butter zum Ausfetten
Semmelbrösel zum Ausstreuen

Außerdem:
1 Glas Sauerkirschen
200 ml Sahne
2 TL San-apart
Kirschen und Minzzweige zum Garnieren

Tipp:
Für den Rührteig benötigt man vier Zutaten, die zwar durch andere ergänzt, aber nie ersetzt werden können: Fett, Zucker, Eier und Mehl. Verwendet man diese Zutaten zu gleichen Teilen, so erhält man den so genannten Eischwer- oder Gleichgewichtskuchen. Er ist der edelste aller Rührteigkuchen. Beim Eischwerteig werden Eigelb und Eiweiß (je nach Rezept zusammen oder getrennt) gewogen und dann die gleiche Menge Fett, Zucker und Mehl eingesetzt.

Menge:
Für 6 Stück:

Schwierigkeit:
leicht

Zubereitungszeit:
45 Minuten
ohne Wartezeit

ZUBEREITUNG

1. Die Butter mit dem Zucker in eine Schüssel geben und schaumig schlagen. Die Eier einzeln nach und nach darunterschlagen.

2. Die Walnüsse mit der geraspelten Zartbitterschokolade und den Semmelbröseln vermischen und unterrühren.

3. Sechs Tartelettförmchen ausfetten und mit Semmelbröseln ausstreuen. Den Teig einfüllen und glatt streichen.

4. Die Sauerkirschen über einem Sieb abgießen, die Kirschen gut abtropfen lassen und gleichmäßig auf den Törtchen verteilen.

5. Die Förmchen auf ein Backblech setzen und die Törtchen in dem auf 180 °C vorgeheizten Backofen etwa 30 Minuten backen.

6. Die fertigen Törtchen herausnehmen, auf ein Kuchengitter legen und erkalten lassen.

7. Die Sahne mit dem San-apart steif schlagen, in einen Spritzbeutel mit Sterntülle füllen und die Sahne auf die Törtchen dressieren.

8. Die versunkenen Kirschtörtchen mit Kirschen und Minzzweigen garnieren, dekorativ anrichten und bis zum Verzehr kühl stellen.

Blätterteigsterne mit Aprikosen

ZUTATEN

Für die Rosen:
450 g Blätterteig (TK-Produkt)
12 Aprikosenhälften, frisch oder aus der Dose

Außerdem:
Wasser zum Bestreichen
Puderzucker zum Bestäuben
50 g gehackte Pistazien zum Bestreuen

Menge:
Für 12 Stück:

Schwierigkeit:
leicht

Zubereitungszeit:
45 Minuten
ohne Wartezeit

ZUBEREITUNG

1. Die Blätterteigplatten auftauen lassen, die Platten übereinanderlegen und auf einer Arbeitsfläche ½ cm dick ausrollen. Aus dem Blätterteig 24 Sterne ausstechen.

2. Je zwei Sterne versetzt übereinanderlegen und in der Mitte gut zusammendrücken. Je eine entkernte Aprikosenhälfte – die Dosenfrüchte gut abtropfen lassen – in die Mitte der Sterne setzen.

3. Die Blätterteigsterne mit Wasser bestreichen. Ein Backblech mit Wasser benetzen und die Blätterteigrosen daraufsetzen.

4. Die Blätterteigsterne in dem auf 220 °C vorgeheizten Backofen 15–20 Minuten backen.

5. Die fertig gebackenen Blätterteigrosen aus dem Backofen nehmen und auf einem Kuchengitter erkalten lassen.

6. Die Blätterteigsterne dekorativ anrichten, mit Puderzucker bestäuben, mit Pistazien bestreuen und bis zum Verzehr kühl aufbewahren.

Kirsch-Krokant-Bällchen

(ohne Abbildung)

ZUTATEN

Für den Biskuit:
2 Eier, 120 g Zucker
1 Päckchen Vanillezucker
50 g Mehl, 50 g Speisestärke
1 gestr. EL Kakaopulver
Backpapier

Außerdem:
200 ml Sahne
1 Päckchen Sahnesteif
1 Glas Schattenmorellen
150 g Kokoskrokant

Menge:
Für 8 Stück:

Schwierigkeit:
leicht

Zubereitungszeit:
45 Minuten
ohne Wartezeit

ZUBEREITUNG

1. Die Eier mit Zucker und Vanillezucker schaumig schlagen.

2. Das Mehl mit der Speisestärke und dem Kakaopulver vermischen, auf den Eischaum sieben und unterheben.

3. Die Masse in eine mit Backpapier ausgelegte Springform (26 cm Ø) füllen, glatt streichen und im auf 180 °C vorgeheizten Backofen ca. 25 Minuten backen.

4. Anschließend den Biskuit aus dem Ofen nehmen, auf einem Kuchengitter erkalten lassen und in Würfel schneiden.

5. Die Sahne mit dem Sahnesteif steif schlagen und die gut abgetropften Kirschen unterheben.

6. Die Biskuitwürfel unterheben und aus der Masse Bällchen formen, in Kokoskrokant wälzen und servieren.

Pfirsichhörnchen

ZUTATEN

270 g Hefeteig (TK-Produkt)
Mehl zum Ausrollen
Backpapier
1 Dose Pfirsichhälften
1 Ei
40 g Hagelzucker

Menge:
Für 8 Stück:

Schwierigkeit:
leicht

Zubereitungszeit:
50 Minuten
ohne Wartezeit

ZUBEREITUNG

1. Den Hefeteig auftauen lassen und auf einer bemehlten Arbeitsfläche in der Größe 40 x 40 cm ausrollen. Acht Dreiecke aus dem Teig schneiden.

2. Die Pfirsichhälften gut abtropfen lassen, in Würfel schneiden und auf den Teigdreiecken verteilen.

3. Die Teigdreiecke von der breiten Seite zur Spitze hin aufrollen, leicht zusammenbiegen und auf ein mit Backpapier belegtes Backblech setzen.

4. Die Hörnchen an einem warmen Ort 30 Minuten gehen lassen.

5. Die Hörnchen mit dem verschlagenen Ei bestreichen, mit Hagelzucker bestreuen und in dem auf 180 °C vorgeheizten Backofen 20–25 Minuten backen.

6. Die Pfirsichhörnchen aus dem Ofen nehmen, auf ein Kuchengitter setzen, auskühlen lassen und bis zum Verzehr kühl aufbewahren.

Mandeltörtchen

(ohne Abbildung)

ZUTATEN

Für den Rührteig:
100 g Butter, 100 g Zucker
1 Päckchen Vanillezucker
2 Eier, 100 g Mehl
50 g gemahlene Mandeln
1 TL Backpulver
50 ml Amaretto oder Rum
Butter zum Ausfetten

Außerdem:
200 ml Sahne
1 Päckchen Sahnesteif
1 EL Kakaopulver
Mandelblättchen zum Bestreuen
Kakaopulver zum Bestäuben

Menge:
Für 6 Stück:

Schwierigkeit:
leicht

Zubereitungszeit:
45 Minuten
ohne Wartezeit

ZUBEREITUNG

1. Die Butter mit dem Zucker und dem Vanillezucker in eine Schüssel geben und schaumig schlagen. Die Eier kräftig unterrühren.

2. Das gesiebte Mehl mit den Mandeln und dem Backpulver vermischen und mit dem Amaretto oder Rum unter die Eicreme rühren.

3. Den Teig in ausgefettete Savarin- oder Gugelhupfförmchen füllen, glatt streichen und im auf 180 °C vorgeheizten Backofen ca. 20 Minuten backen.

4. Anschließend aus dem Ofen nehmen, auf ein Kuchengitter stürzen und erkalten lassen.

5. Die Sahne mit dem Sahnesteif und dem gesiebten Kakao mit den Schneebesen des Handrührgerätes steif schlagen und in einen Spritzbeutel mit Sterntülle füllen.

6. Die Kakaosahne auf die Mandeltörtchen spritzen, diese mit Mandelblättchen bestreuen, mit Kakao bestäuben und bis zum Verzehr kühl aufbewahren.

Gefüllte Blätterteigzungen

ZUTATEN

450 g Blätterteig (TK-Produkt)
Wasser zum Bestreichen

Für die Füllung:
300 ml Sahne
2 EL Getränkepulver mit Himbeergeschmack
3 TL San-apart
1 Päckchen Zitronenaroma
250 g frische Erdbeeren

Außerdem:
Puderzucker zum Bestäuben

Variation:
Statt der Erdbeeren können Sie auch Himbeere verwenden.

Menge:
Für 6 Stück:

Schwierigkeit:
leicht

Zubereitungszeit:
40 Minuten
ohne Wartezeit

ZUBEREITUNG

1. Die Blätterteigplatten auftauen lassen. Die Platten übereinanderlegen und auf einer Arbeitsfläche ½ cm dick ausrollen.

2. Aus dem Blätterteig 12 ovale Kreise ausschneiden und diese leicht in die Länge ziehen.

3. Die Blätterteigovale mit Wasser bestreichen. Ein Backblech mit Wasser benetzen. Die Ovale daraufsetzen und im auf 220 °C vorgeheizten Backofen 15–20 Minuten backen.

4. Die fertig gebackenen Teigstücke aus dem Backofen nehmen und auf einem Kuchengitter erkalten lassen.

5. Für die Füllung die Sahne mit dem Getränkepulver, dem San-apart und dem Zitronenaroma in eine Schüssel geben und aufschlagen.

6. Die Creme in einen Spritzbeutel mit Sterntülle geben und auf sechs Blätterteigzungen dressieren.

7. Die Erdbeeren verlesen, waschen, gut trocken tupfen und in Scheiben schneiden.

8. Die Erdbeerscheiben dekorativ auf die Creme setzen und das Ganze mit den restlichen Blätterteigovalen abdecken.

9. Die gefüllten Blätterteigzungen mit Puderzucker bestäuben, dekorativ anrichten und bis zum Verzehr kühl aufbewahren.

Erdbeeren:
Wussten Sie, dass Erdbeeren 50 Prozent mehr Vitamin C enthalten als Zitronen? Mit einer Hand voll frischer Erdbeeren ist bereits ein erheblicher Teil unseres täglichen Bedarfs an Vitaminen und Mineralstoffen gedeckt. Vor allem die Vitamine A, B1, B2 und C machen Erdbeeren so gesund. Vitamin A stärkt die Sehkraft, die Vitamine der B-Gruppe werden von jeder einzelnen Körperzelle für den Stoffwechsel, für den Aufbau des roten Blutfarbstoffs (Hämoglobin) und für die Funktion des Nervensystems benötigt. Und Vitamin C schließlich schützt den Körper vor Infektionen und fördert die Blutbildung. An Mineralstoffen enthalten Erdbeeren vor allem Natrium, Kalzium, Phosphor und Kalium. Aber sie besitzen nicht nur einen hohen Vitamin- und Mineralstoffgehalt, sondern sind auch sehr bekömmlich. Außerdem besitzen Erdbeeren blutbildendes Eisen, Ballaststoffe und einen hohen Anteil an Folsäure. Hundert Gramm Erdbeeren haben nur ganze 37 Kalorien/148 KJ.

Schnelle Orangentörtchen

ZUTATEN

Für die Bröselböden:
200 g Butterkekse
125 g weiche Butter
Sonnenblumenöl zum Ausstreichen

Außerdem:
200 ml Sahne, 2 TL San-apart
1 Päckchen Orangenaroma
Orangenspalten zum Belegen
50 g Butterkekse

Menge:
Für 12 Stück:

Schwierigkeit:
leicht

Zubereitungszeit:
20 Minuten
ohne Wartezeit

ZUBEREITUNG

1. Die Butterkekse grob reiben oder fein hacken, mit der weichen Butter in eine Schüssel geben, verrühren und verkneten.

2. 12 Muffinförmchen mit Sonnenblumenöl ausstreichen, die Keksmasse einfüllen, fest eindrücken und im Kühlschrank 30 Minuten fest werden lassen.

3. Die kleinen Bröselböden vorsichtig aus den Muffinförmchen drehen und auf ein Tortengitter setzen.

4. Die Sahne mit dem San-apart und dem Orangenaroma in einer Schüssel mit dem Schneebesen oder einem Handrührgerät steif schlagen.

5. Die steif geschlagene Sahne in einen Spritzbeutel mit Sterntülle füllen und die Sahne dekorativ auf die Törtchen dressieren.

6. Die Törtchen mit Orangenspalten belegen, mit den grob gehackten Butterkeksen bestreuen und bis zum Verzehr kühl stellen.

Aprikosentörtchen

(ohne Abbildung)

ZUTATEN

200 g Blätterteig (TK-Produkt – rechteckige Platten)
1 Eigelb
1 Dose Aprikosen
2 EL Aprikosenmarmelade
1 EL Aprikosenlikör
100 ml Sahne
½ Päckchen Sahnesteif
Melissezweige zum Garnieren

Menge:
Für 4 Stück:

Schwierigkeit:
leicht

Zubereitungszeit:
30 Minuten
ohne Wartezeit

ZUBEREITUNG

1. Den Blätterteig halbieren, eine Hälfte mit Wasser bestreichen und die zweite Hälfte versetzt darauflegen.

2. Die Törtchen auf ein mit Wasser benetztes Backblech legen, mit verquirltem Eigelb bestreichen und im auf 220 °C vorgeheizten Backofen 10–15 Minuten backen.

3. Die fertig gebackenen Törtchen aus dem Backofen nehmen und erkalten lassen.

4. Die Aprikosen abgießen und gut abtropfen lassen. Die Aprikosenmarmelade mit dem Aprikosenlikör glatt rühren.

5. Die Sahne mit dem Sahnesteif steif schlagen, in einen Spritzbeutel füllen und auf die gebackenen Törtchen spritzen.

6. Die Törtchen mit den Aprikosen belegen, mit der Marmelade überziehen, mit Melissezweigen garnieren und servieren.

Deidesheimer Traubentörtchen

ZUTATEN

Für den Rührteig:
150 g Marzipanrohmasse
2 cl Amaretto
50 g Butter
1 Ei
1 Eigelb
35 g Mehl
1 TL Backpulver
Butter zum Ausfetten

Für die Füllung:
250 ml Weißwein
½ Päckchen Puddingpulver Vanillegeschmack
500 g gemischte Trauben

Außerdem:
1 Päckchen Tortenguss

ZUBEREITUNG

1. Die Marzipanrohmasse mit dem Amaretto und der Butter in eine Schüssel geben und schaumig schlagen.

2. Das Ei und das Eigelb nach und nach dazugeben und kräftig darunterschlagen.

3. Das Mehl mit dem Backpulver vermischen, auf die Teigmasse sieben und unterrühren.

4. Sechs Förmchen ausfetten, die Masse darin verteilen, glatt streichen und im auf 180 °C vorgeheizten Backofen 20 Minuten backen.

5. 200 ml Weißwein in einen Topf geben und zum Kochen bringen. Den restlichen Weißwein mit dem Puddingpulver glatt rühren und mit dem Schneebesen unter den kochenden Wein ziehen. Den Pudding unter ständigem Rühren einmal aufschäumen lassen.

6. Die fertig gebackenen Törtchen aus dem Ofen nehmen, aus den Förmchen stürzen, auf ein Kuchengitter zum Auskühlen setzen und anschließend mit der erkalteten Weincreme füllen.

7. Die Trauben verlesen, waschen, halbieren, entkernen und auf den Törtchen verteilen.

8. Den Tortenguss nach Packungsanweisung zubereiten und gleichmäßig über die Trauben ziehen.Die Traubentörtchen vollständig abtrocknen lassen und bis zum Verzehr kühl stellen.

Variation:
Wenn Sie auf den Weißwein verzichten möchten, so sollen Sie dafür einen Fruchtsaft verwenden.

Menge:
Für 6 Stück:

Schwierigkeit:
mittel

Zubereitungszeit:
45 Minuten
ohne Wartezeit

Aprikosen-Baiser-Törtchen

ZUTATEN

Für die Baisertörtchen:
4 Eiweiß
120 g Zucker
70 g Puderzucker
10 g Speisestärke
Backpapier
100 g Schokoladenglasur

Für die Füllung:
200 ml Sahne
1 Päckchen Vanillezucker

Außerdem:
6–8 frische Aprikosen
Puderzucker zum Bestäuben
Pfefferminzblättchen zum Garnieren

Tipp:
Bei allen Herdarten ist es empfehlenswert, den Backraum vorzuheizen. Die Aufheizzeit beträgt bei Elektroherden 10–20 Minuten, bei Gasherden nur wenige Minuten. Beim Elektroherd wird die Temperatur in °C gewählt, beim Gas in Stufen. Sie können sich auch im Haushaltswarengeschäft ein Backofenthermometer besorgen, mit dem die Backtemperatur exakt gemessen werden kann.

Menge:
Für 6 Stück:

Schwierigkeit:
mittel

Zubereitungszeit:
160 Minuten
ohne Wartezeit

ZUBEREITUNG

1. Die Eiweiße mit dem Schneebesen oder dem Handrührgerät zu steifem Schnee schlagen.

2. Den Zucker unter ständigem Schlagen einrieseln lassen und solange weiterschlagen, bis sich der Zucker vollständig aufgelöst hat.

3. Den Puderzucker mit der Speisestärke vermischen, auf den Eischaum sieben und vorsichtig unterrühren. Die Masse in einen Spritzbeutel mit Lochtülle füllen.

4. Mit einer Schablone Kreise (8 cm Ø) auf ein Backpapier zeichnen, das Backpapier auf ein Backblech legen und die Baisermasse auf die Kreise dressieren.

5. An den Rand der Baiserkreise Tupfen aufspritzen und die Baisertörtchen im auf 140 °C vorgeheizten Backofen 2 ½ Stunden eher trocknen als backen. Nach Ende der Backzeit die Törtchen aus dem Ofen nehmen und erkalten lassen.

6. Die Schokoladenglasur in eine feuerfeste Schüssel geben und im Wasserbad schmelzen lassen. Anschließend die Baisertörtchen mit der Unterseite eintauchen und auf ein Kuchengitter zum Abtrocknen setzen.

7. Die Sahne steif schlagen, mit Vanillezucker und Zucker süßen. In die Törtchen füllen und diese mit den gewaschenen, halbierten und in Schnitze geschnittenen Aprikosen belegen.

8. Die Törtchen mit Puderzucker bestäuben, mit Pfefferminzblättchen garnieren und bis zum Verzehr kühl stellen.

Kirsch-Mandel-Rollen

ZUTATEN

450 g Blätterteig (TK-Produkt)
250 g Kirsch-Fix (Fertigprodukt)
100 g Mandelblättchen
Puderzucker zum Bestäuben

Menge:
Für 6 Stück:

Schwierigkeit:
leicht

Zubereitungszeit:
40 Minuten
ohne Wartezeit

ZUBEREITUNG

1. Den Blätterteig auf einer bemehlten Arbeitsfläche auftauen lassen und zu Rechtecken ausrollen.

2. Das Kirsch-Fix gleichmäßig darauf verteilen und den Teig aufrollen.

3. Die Rollen auf ein mit Wasser benetztes Backblech legen und mit den Mandelblättchen bestreuen.

4. Die Kirsch-Mandel-Rollen im auf 220 °C vorgeheizten Backofen etwa 25 Minuten backen, herausnehmen und auf einem Kuchengitter erkalten lassen.

5. Die Kirsch-Mandel-Rollen mit Puderzucker bestäuben, dekorativ anrichten und servieren.

Himbeertörtchen

(ohne Abbildung)

ZUTATEN

Für den Biskuit:
2 Eiweiß, 1 Prise Salz
65 g Zucker
1 TL Vanillezucker
2 Eigelb
75 g Mehl
1 Msp. Backpulver
Fett zum Ausfetten
Grieß zum Ausstreuen

Für die Creme:
1 Eigelb
50 g Zucker
100 ml Sahne
3 Blatt weiße Gelatine

Außerdem:
500 g frische Himbeeren
2–3 EL Aprikosenmarmelade
2 EL Mandelblättchen
200 ml Sahne
1 Päckchen Sahnesteif

ZUBEREITUNG

1. Das Eiweiß mit dem Salz zu steifem Schnee schlagen und nach und nach den Zucker und den Vanillezucker einrieseln lassen.

2. Solange weiterschlagen, bis sich der Zucker vollständig aufgelöst hat. Dann das Eigelb einrühren.

3. Das Mehl mit dem Backpulver vermischen, darübersieben und unterheben. Acht kleine Obsttortenförmchen leicht ausfetten und mit Grieß ausstreuen. Jeweils einen gut gehäuften Esslöffel Biskuitmasse einfüllen und glatt streichen.

4. Die Törtchen in dem auf 200 °C vorgeheizten Backofen 12 Minuten backen, herausnehmen, auf ein Kuchengitter stürzen und erkalten lassen.

5. Das Eigelb mit dem Zucker schaumig rühren und die geschlagene Sahne unterziehen. Die Gelatine einweichen, gut ausdrücken, im heißen Wasserbad auflösen und tropfenweise in die Sahne einrühren.

6. Die Creme auf die Törtchen streichen und die verlesenen, gewaschenen und gut abgetropften Himbeeren darauf verteilen.

7. Die Aprikosenmarmelade in einem Topf erwärmen, durch ein Sieb streichen und die Himbeeren und die Törtchen damit überziehen.

8. Einige Mandelblättchen grob zerkleinern und den Rand der Törtchen damit verzieren.

9. Die Sahne mit dem Sahnesteif steif schlagen, in einen Spritzbeutel mit Sterntülle füllen und kleine Rosetten aufspritzen. Die restlichen Mandelblättchen darüberstreuen und die Törtchen bis zum Verzehr in den Kühlschrank stellen.

Menge:
Für 8 Stück:

Schwierigkeit:
mittel

Zubereitungszeit:
40 Minuten ohne Wartezeit

Pfirsichschälchen mit Schokoladensahne

ZUTATEN

Für den Biskuit:
50 g Zucker
1 Ei
1 Päckchen Vanillezucker
50 g Mehl, Backpapier

Außerdem:
½ Päckchen Vanilleglasur
½ Päckchen Schokoladenglasur
1 kleine Dose Pfirsichhälften
200 ml Sahne
2 TL San-apart
2 TL Kakaopulver
Pfirsichspalten und Minzeblättchen zum Garnieren

Variation:
Der Biskuit wird landläufig als „Teig“ bezeichnet, in der Fachsprache nennt man ihn aber „Masse“. Die Biskuitmasse besteht aus Eiern, Zucker, Mehl und viel Luft als Lockerungs- und Treibmittel. Die Luft wird beim Schlagen in winzigen Bläschen untergearbeitet, dadurch erhält die Masse ihr schaumiges Volumen. Beim Backen dehnt sich die Luft zusätzlich aus und schiebt damit den „Teig“ in die Höhe.

Menge:
Für 6 Stück:

Schwierigkeit:
leicht

Zubereitungszeit:
30 Minuten ohne Wartezeit

ZUBEREITUNG

1. Den Zucker mit dem Ei und dem Vanillezucker in einer Schüssel weißschaumig schlagen. Das Mehl auf den Eischaum sieben und unterheben.

2. Ein Backblech mit Backpapier auslegen, aus der Masse sechs Kreise (12 cm Ø) auf das Backpapier streichen und in dem auf 200 °C vorgeheizten Backofen 3–5 Minuten backen.

3. Die gebackenen Teigkreise aus dem Ofen nehmen, mit einem Messer vorsichtig vom Backpapier lösen und noch heiß aufrollen.

4. Am besten immer nur zwei Teigkreise ausbacken, da die Masse nach dem Herausnehmen sehr schnell kalt wird und deshalb beim Aufrollen brechen kann.

5. Die Teigschalen mit der nach Packungsanweisung zubereiteten Vanille- und Schokoladenglasur beträufeln.

6. Die Pfirsichhälften gut abtropfen lassen, einige Hälften halbieren, den Rest in dünne Spalten schneiden. Die Pfirsichstückchen in die Teigschalen füllen.

7. Die Sahne mit dem San-apart steif schlagen, das Kakaopulver unterrühren, in einen Spritzbeutel mit Sterntülle füllen und in die Teigschalen dressieren.

8. Die Pfirsichschälchen dekorativ anrichten, mit Pfirsichspalten garnieren, mit den Minzeblättchen verzieren und bis zum Verzehr kühl aufbewahren.

Blutorangentörtchen mit Frischkäse

ZUTATEN

Für den Rührteig:
125 g Butter
100 g Zucker
1 Päckchen Orangenaroma
3 Eier
225 g Mehl
2 TL Backpulver
Butter zum Ausfetten
Semmelbrösel zum Ausstreuen

Für die Creme:
250 g Frischkäse
25 g Zucker
200 ml Sahne
2 TL San-apart

Außerdem:
6 unbehandelte Blutorangen
Mandelblättchen zum Garnieren

Variation:
Statt des Frischkäses können Sie auch sehr gut Mascarpone oder Quark verwenden.

ZUBEREITUNG

1. Die Butter mit dem Zucker und dem Orangenaroma schaumig schlagen. Die Eier einzeln nach und nach kräftig unterrühren.

2. Das Mehl mit dem Backpulver vermischen, darübersieben und unterrühren.

3. Den Teig in ausgefettete, mit Semmelbröseln ausgestreute Tartelettförmchen füllen, glatt streichen und in dem auf 180 °C vorgeheizten Backofen ca. 20 Minuten backen.

4. Die Törtchen aus dem Backofen nehmen, auf ein Kuchengitter stürzen und erkalten lassen.

5. Für die Creme den Frischkäse mit dem Zucker in eine Schüssel geben und mit dem Schneebesen glatt rühren. Die Sahne mit dem San-apart steif schlagen und unterheben.

6. Die Creme in einen Spritzbeutel mit Sterntülle füllen und auf die Törtchen spritzen.

7. Die Blutorangen schälen, die Filets herauslösen, die Törtchen damit belegen, mit Mandelblättchen garnieren, dekorativ anrichten und servieren.

Menge:
Für 6 Stück:

Schwierigkeit:
mittel

Zubereitungszeit:
45 Minuten
ohne Wartezeit

Frischkäse:
Zum Backen geeignet ist ungewürzter, cremiger Frischkäse. Diese besondere Käsevariante muss nicht bzw. nur sehr wenig reifen und muss aufgrund seiner kurzen Lagerzeit sofort verzehrt werden. Dank seiner glatten und weichen Konsistenz lässt sich Frischkäse wunderbar leicht für die Füllung verarbeiten. Für die Füllung des berühmten American Cheesecake wird nach den Originalrezepten auch Frischkäse verwendet.

Sahnewaffeln mit Erdbeeren

ZUTATEN

Für den Rührteig:
100 g Butter
50 g Zucker
1 Päckchen Vanillezucker
1 Ei
1 Eigelb
50 ml Sahne
120 g Weizenmehl Type 405
25 g Speisestärke
1 TL Backpulver
1 Prise Salz
Butter für das Waffeleisen

Außerdem:
1 Päckchen Schokoladenglasur
200 ml Sahne
2 TL San-apart
150 g Mascarpone
200 g frische Erdbeeren

ZUBEREITUNG

1. Die Butter mit dem Zucker und dem Vanillezucker schaumig rühren. Das Ei und das Eigelb nach und nach mit der Sahne einrühren.

2. Das Mehl mit der Speisestärke, dem Backpulver und dem Salz vermischen, darübersieben und unterheben.

3. Ein Waffeleisen erhitzen, leicht fetten, den Teig einfüllen und portionsweise Waffeln ausbacken.

4. Die fertigen Waffeln auf einem Kuchengitter abkühlen lassen und mit der nach Packungsanweisung zubereiteten Schokoladenglasur überziehen.

5. Die Sahne mit dem San-apart steif schlagen, mit dem Mascarpone glatt rühren, in einen Spritzbeutel mit großer Lochtülle füllen und dekorativ auf die Waffeln spritzen.

6. Die Erdbeeren verlesen, waschen und halbieren. Die Waffeln auf Teller legen und die Erdbeeren dekorativ darauf anrichten, garnieren und bis zum Verzehr kühl aufbewahren.

Variation:
Statt des Mascarpones können Sie auch sehr gut Frischkäse oder Quark verwenden.

Menge:
Für 10 Stück:

Schwierigkeit:
leicht

Zubereitungszeit:
30 Minuten
ohne Wartezeit

Versunkene Rhabarbertörtchen

ZUTATEN

Für den Rührteig:
150 g Butter
150 g brauner Zucker
2 Eier
125 g Mehl
1 TL Backpulver
75 g gemahlene Mandeln
Butter zum Ausfetten
Semmelbrösel zum Ausstreuen

Außerdem:
350 g Rhabarber
Zuckerwasser zum Blanchieren
100 g Aprikosenmarmelade
einige Rhabarberbündel zum Garnieren
Puderzucker zum Bestäuben

ZUBEREITUNG

1. Die Butter mit dem Zucker und den Eiern schaumig schlagen. Das gesiebte Mehl mit dem Backpulver und den gemahlenen Mandeln vermischen und unterrühren.

2. Sechs Tartelettförmchen ausfetten und mit Semmelbröseln ausstreuen. Den Teig einfüllen und glatt streichen.

3. Den Rhabarber putzen und in 10 cm lange Stücke schneiden. Das Zuckerwasser erhitzen und den Rhabarber darin kurz blanchieren.

4. Den Rhabarber herausnehmen, abtropfen und auskühlen lassen und auf den Törtchen verteilen.

5. Die Förmchen auf ein Backblech setzen und die Törtchen in dem auf 180 °C vorgeheizten Backofen etwa 30 Minuten backen.

6. Die fertigen Törtchen herausnehmen und auf ein Kuchengitter legen.

7. Die Aprikosenmarmelade erhitzen, durch ein Sieb streichen, die noch warmen Törtchen am Rand damit bestreichen und erkalten lassen.

8. Die versunkenen Rhabarbertörtchen mit Rhabarberbündeln garnieren, den Rand mit Puderzucker bestäuben, die Törtchen dekorativ anrichten und bis zum Verzehr kühl stellen.

Variation:
Statt des Rhabarbers können Sie auch sehr gut Kirschen, Stachelbeeren oder Johannisbeeren verwenden.

Menge:
Für 6 Stück:

Schwierigkeit:
mittel

Zubereitungszeit:
60 Minuten ohne Wartezeit

Rührteig:
Für Rührteige verwenden wir (wegen der hohen Bindekraft) normalerweise weißes Mehl Type 405, sehr lecker schmecken Rührkuchen aber auch mit Vollkornmehl. Hier sollten Sie 10–15 % mehr Mehl nehmen als im Rezept angegeben. Versuchen Sie es auch einmal mit einer Mischung aus weißem und Vollkornmehl.

Ist die Fett-Zucker-Eier-Menge größer als die Mehlmenge (250 g Fett, 250 g Zucker und 6–8 Eier bei 500 g Mehl), kann man auf Backpulver verzichten. Ist die Mehlmenge aber größer (200 g Fett, 200 g Zucker und 4–5 Eier bei 500 g Mehl), benötigt man ein Päckchen Backpulver und etwas Flüssigkeit.

Mokkamuffins

ZUTATEN

Für den Rührteig:
150 g Butter
175 g brauner Zucker
1 EL Instant-Kaffee
1 Päckchen Vanillezucker
3 Eier, 250 g Mehl
3 gestrichene TL Backpulver
Butter und Brösel für die Förmchen

Außerdem:
100 g Vanilleglasur (Fertigprodukt)
Mokkabohnen, Kakaopulver und Puderzucker zum Bestäuben

Menge:
Für 12 Stück:

Schwierigkeit:
leicht

Zubereitungszeit:
40 Minuten ohne Wartezeit

ZUBEREITUNG

1. Die Butter mit dem Zucker, dem Instant-Kaffee und dem Vanillezucker schaumig schlagen.

2. Die Eier einzeln nach und nach kräftig unterrühren. Das gesiebte Mehl mit dem Backpulver vermischen und unterrühren.

3. Den Teig in ausgefettete, mit Semmelbröseln ausgestreute Muffinförmchen füllen und in dem auf 180 °C vorgeheizten Backofen ca. 25 Minuten backen. Aus dem Ofen nehmen und erkalten lassen.

4. Die Vanilleglasur nach Packungsanweisung zubereiten und die Mokkamuffins damit überziehen.

5. Mit Mokkabohnen garnieren, mit Kakaopulver und Puderzucker bestäuben, dekorativ anrichten und servieren.

Schweizer Schokomuffins

(ohne Abbildung)

ZUTATEN

Für den Teig:
280 g Mehl
3 gestrichene TL Backpulver
2 EL Kakaopulver
100 g Schweizer Schokolade
1 Ei, 100 g brauner Zucker
300 ml Buttermilch
125 g weiche Butter
Butter zum Ausfetten

Außerdem:
100 g Halbbitterkuvertüre
100 g weiße Kuvertüre
Schokoladenstückchen und in Zucker gewälzte Belegkirschen zum Verzieren

ZUBEREITUNG

1. Das gesiebte Mehl mit dem Backpulver, dem Kakaopulver und der fein gehackten Schokolade vermischen.

2. Das Ei mit dem Zucker, der Buttermilch und der weichen Butter verrühren, die Mehlmischung dazugeben und nur leicht unterheben.

3. Die Mulden eines Muffinblechs ausfetten, den Teig einfüllen und im auf 180 °C vorgeheizten Backofen etwa 20–25 Minuten backen.

4. Die Muffins aus dem Ofen nehmen und fünf Minuten stehen lassen. Dann aus den Mulden lösen und auf einem Kuchengitter erkalten lassen.

5. Die Halbbitterkuvertüre im Wasserbad schmelzen und die Oberfläche der Muffins damit überziehen. Kurz trocknen lassen.

6. Die weiße Kuvertüre ebenfalls schmelzen lassen, mit einem Löffel auf der dunklen Kuvertüre verteilen und mit je einem Schokoladenstückchen und einer halben, in Zucker gewälzten Belegkirsche belegen.

7. Die Schweizer Schokomuffins dekorativ anrichten und servieren.

Menge:
Für 12 Stück:

Schwierigkeit:
leicht

Zubereitungszeit:
40 Minuten ohne Wartezeit

Liebesmuffins

ZUTATEN

Für den Rührteig:
150 g Butter
125 g Zucker
1 Päckchen Zitronenaroma
3 Eier
275 g Mehl
3 gestrichene TL Backpulver
Butter zum Ausfetten

Außerdem:
200 g Kirschfüllung (Fertigprodukt)
150 g Aprikosenmarmelade
250 g Marzipanrohmasse
1 EL Puderzucker
1 Prise Kakaopulver
einige Tropfen rote Speisefarbe
12 Cappuccinostäbchen
20 g Puderzucker zum Bestäuben
12 Papierförmchen

ZUBEREITUNG

1. Die Butter mit dem Zucker und dem Zitronenaroma schaumig schlagen.

2. Die Eier einzeln nach und nach kräftig unterrühren.

3. Das gesiebte Mehl mit dem Backpulver vermischen und unterheben.

4. Die Hälfte des Teiges in ausgefettete Muffinförmchen füllen, eine Mulde eindrücken, die Kirschfüllung hineingeben und mit dem restlichen Teig abdecken.

5. Die Muffins im auf 180 °C vorgeheizten Backofen etwa 20 Minuten backen, herausnehmen, mit der glatt gerührten Aprikosenmarmelade bestreichen und erkalten lassen.

6. Die Marzipanrohmasse in Würfel schneiden und mit dem gesiebten Puderzucker verkneten.

7. 20 g Marzipan abnehmen, mit etwas Kakaopulver einfärben und Pfeilspitzen und Federn formen.

8. Das restliche Marzipan mit roter Speisefarbe einfärben, ausrollen und 12 große und 12 kleine Herzen ausstechen.

9. Die großen Herzen in der Mitte je zweimal einschneiden und je ein Cappuccinostäbchen durchziehen.

10. Die kleinen Herzen mit Puderzucker bestäuben, in die Mitte setzen und leicht antrocknen lassen.

11. Anschließend die Herzen auf die Muffins legen, die Pfeilspitzen und die Federn an die Cappuccinostäbchen drücken.

12. Die Liebesmuffins in Papierförmchen dekorativ anrichten und servieren.

Variation:
Statt der Kirschfüllung können Sie auch sehr gut eine Pflaumen- oder Trockenobstfüllung verwenden.

Verfeinerung des Teiges:
Durch die Verwendung von Verfeinerungen wie Nüssen, Schokolade und Gewürze können Sie Ihre Muffins geschmacklich wunderbar verfeinern. Wählen Sie Ihre aromatisierenden Zutaten sorgfältig aus. Werden zu viele gleichzeitig genutzt, besteht die Gefahr, dass Sie sich gegenseitig übertönen. Eine Prise oder ein paar Gramm reichen oftmals schon aus, um die Muffinteig geschmacklich zu verfeinern. Nüsse wie Mandeln, Hasel- oder Walnüsse sowie Kokosflocken machen den Teig schön saftig. Schokolade oder Kakao verleihen den Muffins eine delikate Schokonote. Dazu können Sie entweder fein gehackte Kuvertüre oder pures Kakaopulver unterrühren.

Menge:
Für 12 Stück:

Schwierigkeit:
mittel

Zubereitungszeit:
50 Minuten
ohne Wartezeit

Frühlingsmuffins

ZUTATEN

Für den Rührteig:
100 g Butter
100 g Zucker
2 TL geriebene Orangenschale
einige Tropfen Zitronenaroma
1 Päckchen Vanillezucker
2 Eier
175 g Mehl
2 gestrichene TL Backpulver
Butter zum Ausfetten

Außerdem:
100 g Vollmilchkuvertüre
Zuckerblüten und Marzipanblättchen zum Garnieren
24 kleine Papierförmchen

ZUBEREITUNG

1. Die Butter mit dem Zucker, der Orangenschale, dem Zitronenaroma und dem Vanillezucker in eine Schüssel geben und mit den Schneebesen des Handrührgerätes schaumig schlagen.

2. Die Eier einzeln nach und nach einrühren. Das Mehl mit dem Backpulver vermischen, auf die Schaummasse sieben und unterheben.

3. Den Teig gleichmäßig in die ausgefetteten Mulden einer Mini-Muffin-Form füllen und im auf 180 °C vorgeheizten Backofen 15 Minuten backen. Herausnehmen und auf einem Kuchengitter erkalten lassen.

4. Die Vollmilchkuvertüre in eine feuerfeste Schüssel geben und im Wasserbad unter ständigem Rühren schmelzen lassen.

5. Die Hälfte der Muffins mit der flüssigen Vollmilchkuvertüre überziehen. Die restlichen Muffins mit Zuckerblüten und Marzipanblättchen garnieren und die Kuvertüre vollständig abtrocknen lassen.

6. Die Frühlingsmuffins in kleine Papierförmchen dekorativ anrichten und servieren.

Tipp:

Für die Muffinbäckerei gibt es im Handel spezielle Muffinbleche mit Mulden. In diese wird der fertige Teig eingefüllt. Je nach Belieben kann man die Muffins zudem in Papierförmchen backen. Somit kleben sie nicht am Backblech an und lassen sich leichter servieren. Wer kein Spezialblech besitzt, kann sich aus Alufolie auch selber kleine Förmchen basteln. Eine andere Alternative sind sogenannte Backletts, dies sind vorgebackene Backformen. Sie sind ideal für die Muffinbäckerei und können zudem mit verzehrt werden.

Menge:
Für 24 Stück:

Schwierigkeit:
mittel

Zubereitungszeit:
40 Minuten ohne Wartezeit

Gewürze für den Teig:

Gewürze geben Muffins das gewisses Etwas. Zimt mit seinem feines Aroma verleiht Backwaren einen harmonischen Geschmack. Gewürznelken passen sehr gut in feine Backwaren und dürfen gerade zu Weihnachtszeit in keiner Backstube fehlen. Da Nelkenpulver sehr geschmacksintensiv ist, sollte es vorsichtig dosiert werden. Vanille ist eines der beliebtesten Gewürze weltweit. Das frische Mark aus den Schoten muss vorsichtig heraus geschabt werden und kann dann für die Muffinbäckerei verwendet werden. Richtige Vanilleschoten gehören zu den teuersten Gewürzen der Welt. Unverzichtbar fürs Backen sind der Saft und die Schale von Zitronen oder Orangen. Das frische Zitrusaroma verleiht Backwaren einen erfrischenden, delikaten Geschmack. Kaufen Sie unbedingt ungespritze Früchte. Gründlich gesäubert wird die Schale bis zur weißen Innenhaut vorsichtig abgerieben. Danach kann man sie auspressen und den Saft zum Verfeinern des Teiges verwenden.

Mirabellenmuffins mit Haselnüssen

ZUTATEN

Für den Rührteig:
125 g weiche Butter oder Margarine
100 g Zucker
2 Eier
1 Prise Salz
abgeriebene Schale von 1 unbehandelten Zitrone
75 ml Milch
250 g Mehl
1 TL Backpulver
2 EL gehackte Haselnüsse
Butter zum Ausfetten

Außerdem:
250 g Mirabellen
4 EL Orangenmarmelade
2 EL gehobelte Haselnüsse
Puderzucker zum Bestäuben

ZUBEREITUNG

1. Die Butter oder Margarine mit dem Zucker in eine Schüssel geben und weißschaumig schlagen.

2. Die Eier, das Salz, die abgeriebene Zitronenschale und die Milch kräftig darunterrühren.

3. Das gesiebte Mehl mit dem Backpulver vermischen und unter den Teig ziehen. Zum Schluss die gehackten Haselnüsse unterheben.

4. Die Mulden eines Muffinblechs ausfetten und den Teig einfüllen. Die Mirabellen waschen, entkernen und jeweils drei Mirabellen in die Muffins drücken.

5. Die Muffins im auf 180 °C vorgeheizten Backofen 20–25 Minuten backen.

6. Nach Ende der Backzeit die Mirabellenmuffins aus dem Ofen nehmen und erkalten lassen.

7. Die Orangenmarmelade glatt rühren und die Muffins damit überziehen.

8. Die Mirabellenmuffins mit gehobelten Haselnüssen bestreuen, mit Puderzucker bestäuben, dekorativ anrichten und servieren.

Variation:
Statt der Mirabellen können Sie auch sehr gut Kirschen, Pflaumen- oder Zwetschgen verwenden.

Menge:
Für 12 Stück:

Schwierigkeit:
mittel

Zubereitungszeit:
40 Minuten
ohne Wartezeit

Apfel-Streusel-Muffins mit Krokant

ZUTATEN

Für den Rührteig:
200 g Äpfel
120 g Vollkornmehl
140 g Weizenmehl Type 405
2 TL Backpulver
½ TL Natron
1 TL Zimt
1 Prise Muskat
90 g gehackte Walnüsse
1 Ei, 140 g Zucker
1 Päckchen Vanillezucker
125 g weiche Butter oder Margarine
300 ml Buttermilch
Butter zum Ausfetten

Für die Streusel:
50 g Mehl, 1 TL Zimt
45 g brauner Zucker
50 g weiche Butter

Außerdem:
100 g Haselnusskrokant
2–3 EL Aprikosenmarmelade
Puderzucker zum Bestäuben

Variation:
Statt der Äpfel können Sie auch sehr gut säuerliche Birnen verwenden.

ZUBEREITUNG

1. Die Äpfel schälen, entkernen und in kleine Würfel schneiden.

2. Das gesiebte Vollkornmehl mit dem gesiebten Weizenmehl, dem Backpulver, dem Natron, dem Zimt, dem Muskat und den gehackten Walnüssen vermischen. Zum Schluss die Apfelstückchen unterheben.

3. Das Ei mit Zucker und Vanillezucker schaumig schlagen und die Butter darunterschlagen.

4. Die Buttermilch einrühren und die Mehl-Apfel-Mischung dazugeben.

5. Alles gut verrühren und in die ausgefetteten Mulden eines Muffinblechs füllen.

6. Für die Streusel das Mehl mit dem Zimt, dem braunen Zucker und der weichen Butter verkneten.

7. Die Streusel und den Haselnusskrokant über den Teig streuen und die Muffins im auf 180 °C vorgeheizten Ofen 20–25 Minuten backen.

8. Die fertigen Muffins aus der Form lösen und auf ein Kuchengitter legen.

9. Die Aprikosenmarmelade glatt rühren, die noch heißen Muffins damit überziehen und erkalten lassen.

10. Die Apfel-Streusel-Muffins mit Puderzucker bestäuben, dekorativ anrichten und servieren.

Tipp:
Ein besonders feines Aroma erhalten die Äpfel, wenn sie mit Gewürzen verfeinert werden. Zimt, Nelken, Kardamom, Ingwer, Vanille oder Anis verleihen dem Apfelkuchen das gewisse Etwas. Zum Beträufeln kann Zitronensaft mit Rum oder anderen hochprozentigen Spirituosen vermischt werden. Sehr gut passen Nüsse, Mandeln oder Kokosflocken dazu. Mohn, Rosinen, Schokolade oder Marzipan verleihen dem Apfelkuchen ein ganz besonderes Aroma.

Menge:
Für 12 Stück:

Schwierigkeit:
leicht

Zubereitungszeit:
50 Minuten
ohne Wartezeit

Sommerbeerenmuffins mit Schokolade

ZUTATEN

Für den Teig:
200 g frische Sommerbeeren
280 g Mehl
100 g weiße Schokolade
2 ½ TL Backpulver
½ TL Natron, 1 Ei
120 g brauner Zucker
125 g weiche Butter
125 ml Buttermilch
150 g Magerquark
Butter zum Ausfetten

Außerdem:
200 ml Sahne
1 Päckchen Sahnesteif
Puderzucker zum Bestäuben
frische Beeren oder Kirschen zum Garnieren

Tipp:
Die Küchenwaage ist unentbehrlich für das genaue Abwiegen der Zutaten und somit für das Gelingen des Kuchens. Sie sollte auf 5 g genau wiegen. Gängige Geräte wiegen bis 5 kg. Moderne Digitalwaagen zeigen das Gewicht automatisch an, besonders praktisch sind Waagen, bei denen man die einzelnen Zutaten zuwiegen kann.

Menge:
Für 12 Stück:

Schwierigkeit:
mittel

Zubereitungszeit:
40 Minuten
ohne Wartezeit

ZUBEREITUNG

1. Die Sommerbeeren verlesen. Das gesiebte Mehl mit der gehackten Schokolade, dem Backpulver und dem Natron vermischen.

2. Das Ei mit dem Zucker, der Butter, der Buttermilch und dem Quark glatt rühren und die Mehlmischung unterheben.

3. Den Teig in die ausgefetteten Mulden eines Muffinblechs füllen und in dem auf 180 °C vorgeheizten Backofen 20–25 Minuten backen.

4. Anschließend noch fünf Minuten in der Form ruhen lassen und dann aus den Mulden lösen.

5. Die Muffins auf einem Kuchengitter erkalten lassen und einmal waagerecht durchschneiden.

6. Die Sahne mit dem Sahnesteif steif schlagen und die Muffins damit füllen.

7. Die Beeren in die Sahne stecken, die Deckel der Muffins daraufsetzen und mit Puderzucker bestäuben.

8. Die Muffins mit Sahnetupfen verzieren, mit frischen Beeren oder Kirschen garnieren, dekorativ anrichten und servieren.

Großmutters Aprikosen-Kokos-Muffins

ZUTATEN

Für den Rührteig:
125 g Butter
125 g Zucker
1 Päckchen Zitronenaroma
2 Eier
150 g Mehl
50 g Speisestärke
1 EL Kokosflocken
2 gestr. TL Backpulver
Butter zum Ausfetten
Semmelbrösel zum Ausstreuen

Außerdem:
12 Aprikosenhälften
Zitronenglasur
Aprikosenspalten zum Garnieren
gehackte Pistazien zum Bestreuen
12 Papierförmchen

ZUBEREITUNG

1. Die Butter mit dem Zucker und dem Zitronenaroma in einer Schüssel schaumig schlagen.

2. Die Eier nach und nach unterrühren. Das gesiebte Mehl mit der Speisestärke, den Kokosflocken und dem Backpulver vermischen und unter die Eicreme rühren.

3. Den Teig in die ausgefetteten, mit Semmelbröseln ausgestreuten Mulden eines Muffinblechs füllen.

4. Die Aprikosenhälften in den Teig stecken und die Muffins in dem auf 180 °C vorgeheizten Backofen 20 Minuten backen.

5. Die Muffins aus dem Ofen nehmen und auf einem Kuchengitter erkalten lassen.

6. Die Zitronenglasur nach Packungsanweisung zubereiten und die Muffins damit überziehen.

7. Mit Aprikosenspalten belegen, mit gehacken Pistazien bestreuen.

8. Die Glasur vollständig trocknen lassen, die Muffins in Papierförmchen setzen, dekorativ anrichten und servieren.

Variation:
Statt der Aprikosen können Sie auch sehr gut Pfirsiche verwenden.

Menge:
Für 12 Stück:

Schwierigkeit:
mittel

Zubereitungszeit:
40 Minuten
ohne Wartezeit

Pistazien-Mandarinen-Muffins

ZUTATEN

Für den Rührteig:
250 g Butter
125 g Zucker
1 EL geriebene Zitronenschale
4 Eigelb
250 g Mehl
2 TL Backpulver
125 g gemahlene Mandeln
125 g gemahlene Pistazien
150 g Mandarinenfilets (Dose)
4 Eiweiß
125 g Zucker
Butter zum Ausfetten
Semmelbrösel zum Ausstreuen

Außerdem:
125 g Mandarinenmarmelade
6 cl Mandarinenlikör
gehackte Pistazien zum Bestreuen

Variation:
Statt der Mandarinen können Sie auch andere Dosenfrüchte verwenden.

ZUBEREITUNG

1. Die Butter mit dem Zucker und der geriebenen Zitronenschale in einer Schüssel schaumig schlagen.

2. Die Eigelbe nach und nach kräftig unterrühren.

3. Das gesiebte Mehl mit dem Backpulver, den Mandeln und den Pistazien in eine Schüssel geben, vermischen und vorsichtig unter die Eicreme ziehen.

4. Die gut abgetropften Mandarinenfilets klein schneiden und unter den Teig heben.

5. Die Eiweiße sehr steif schlagen, den Zucker unter ständigem Rühren einrieseln lassen und so lange schlagen, bis sich der Zucker vollständig aufgelöst hat. Den Eischnee unter den Teig heben.

6. Die Mulden eines Muffinblechs ausfetten, mit Semmelbröseln ausstreuen, den Teig einfüllen und im auf 180 °C vorgeheizten Backofen 20–25 Minuten backen.

7. Nach Ende der Backzeit die Muffins aus dem Ofen nehmen.

8. Die leicht erwärmte Marmelade mit dem Mandarinenlikör verrühren und die noch warmen Muffins damit bestreichen.

9. Die Muffins mit gehackten Pistazien bestreuen und bis zum Verzehr kühl aufbewahren.

Menge:
Für 12 Stück:

Schwierigkeit:
mittel

Zubereitungszeit:
40 Minuten ohne Wartezeit

Brownies mit Schokolade

ZUTATEN

150 g Butter, 150 g Zucker
1 Päckchen Vanillezucker
4 Eier, 250 g Mehl
3 TL Backpulver
100 g dunkle Kuvertüre
Butter zum Ausfetten
50 g weiße Kuvertüre zum Bestreuen

Menge:
Für 12 Stück:

Schwierigkeit:
leicht

Zubereitungszeit:
40 Minuten ohne Wartezeit

ZUBEREITUNG

1. Die Butter mit dem Zucker und dem Vanillezucker in eine Schüssel geben und schaumig rühren.

2. Die Eier einzeln nach und nach dazugeben und kräftig unter die Eicreme schlagen.

3. Das gesiebte Mehl mit dem Backpulver und der grob gehackten Kuvertüre vermischen und unter den Teig heben.

4. Ein Muffinblech ausfetten, den Teig einfüllen und in dem auf 180 °C vorgeheizten Backofen 20–25 Minuten backen.

5. Die weiße Kuvertüre grob hacken. Die Brownies aus dem Ofen nehmen, leicht abkühlen lassen und mit der Kuvertüre bestreuen.

6. Die Brownies mit weißer Schokolade auf einem Kuchenteller dekorativ anrichten, vollständig erkalten lassen und servieren.

Lakritzemuffins

(ohne Abbildung)

ZUTATEN

Für den Rührteig:
200 g Butter
180 g Zucker
1 Päckchen Zitronenaroma
1 Päckchen Orangenaroma
4 Eier, 300 g Mehl
3 TL Backpulver
100 g Lakritzebonbons
Butter zum Ausfetten
Mehl zum Bestäuben

Außerdem:
weiße Zitronenglasur zum Überziehen
Lakritzebonbons zum Garnieren

Menge:
Für 12 Stück:

Schwierigkeit:
leicht

Zubereitungszeit:
40 Minuten ohne Wartezeit

ZUBEREITUNG

1. Die Butter mit dem Zucker, dem Zitronenaroma und dem Orangenaroma in eine Schüssel geben und weißschaumig rühren.

2. Die Eier einzeln nach und nach kräftig darunterschlagen.

3. Das gesiebte Mehl mit dem Backpulver vermischen und unter die Eicreme heben.

4. Die Lakritzebonbons klein schneiden oder hacken und unter den Teig rühren.

5. Ein Muffinblech ausfetten, mit Mehl bestäuben, den Teig einfüllen und im auf 180 °C vorgeheizten Backofen 20–25 Minuten backen.

6. Die Muffins aus dem Ofen nehmen, aus der Form lösen, erkalten lassen und mit der Zitronenglasur überziehen.

7. Die Lakritzemuffins mit den Lakritzebonbons garnieren, vollständig abtrocknen lassen, dekorativ anrichten und servieren.

Spekulatiustorte mit Beeren

ZUTATEN

Für den Bröselboden:
250 g Spekulatius
150 g sehr weiche Butter
Öl zum Bestreichen
Backpapier

Für die Creme:
250 ml Milch
½ Päckchen Puddingpulver mit Himbeergeschmack
150 g gemischte Beeren (TK-Produkt)
75 g Zucker
½ TL Zimt
2 cl Himbeergeist
8 Blatt weiße Gelatine
150 g Himbeerjoghurt
250 g Frischkäse
200 ml Sahne

Außerdem:
200 ml Sahne
2 TL San-apart
Beeren und Pistazien zum Garnieren
Puderzucker zum Bestäuben

ZUBEREITUNG

1. Die Spekulatius fein zerdrücken und mit der Butter verkneten.

2. Einen Tortenring (26 cm Ø) mit Öl bestreichen und auf eine mit Backpapier belegte Tortenplatte stellen, den Bröselteig hineindrücken und im Kühlschrank fest werden lassen.

3. Aus der Milch und dem Puddingpulver einen Pudding kochen und unter ständigem Rühren erkalten lassen.

4. Die Beeren mit dem Zucker und dem Zimt in einem Topf erhitzen.

5. Den Himbeergeist einrühren, vom Herd nehmen und leicht abkühlen lassen. Die gut gewässerte, ausgedrückte Gelatine einrühren und auflösen.

6. Den Pudding, den Himbeerjoghurt und den Frischkäse einrühren und die steif geschlagene Sahne unterheben.

7. Die Beerencreme auf den Bröselboden streichen und im Kühlschrank fest werden lassen.

8. Die Torte herausnehmen, das Backpapier vorsichtig nach vorne herausziehen und den Tortenring entfernen.

9. Die Sahne mit dem San-apart steif schlagen und auf die Torte dressieren. Mit Beeren und Pistazien garnieren und mit Puderzucker bestäuben. Die Spekulatiustorte dekorativ anrichten und servieren.

Variation:
Statt der Johannisbeeren können Sie auch andere Beerenfrüchte wie Erdbeeren oder Himbeeren verwenden.

Menge:
Für 12–14 Stücke:

Schwierigkeit:
leicht

Zubereitungszeit:
35 Minuten
ohne Wartezeit

Erdbeer-Johannisbeer-Torte

ZUTATEN

2 Lagen Wiener Boden, hell (26 cm Ø, Fertigprodukt)
100 g Johannisbeergelee

Für die Creme:
100 g Johannisbeeren
100 g Erdbeeren
75 g Zucker
Saft von ½ Zitrone
9 Blatt weiße Gelatine
300 g Erdbeerjoghurt
600 ml Sahne

Außerdem:
200 ml Sahne
2 TL San-apart
gemahlene Pistazien zum Bestreuen
Erdbeeren und Johannisbeeren zum Garnieren

Tipp:
Um den Kuchen frisch und fruchtig zu verfeinern, kann man verschiedene Obstsorten unter die Quarkmasse mischen. Sehr gut zum leichten Käsekuchengeschmack passen zum Beispiel Himbeeren, Blaubeeren, Brombeeren, rote und schwarze Johannisbeeren, Pfirsiche, Aprikosen, Mandarinen und Rosinen, die vor dem Backen der Quarkmasse hinzugefügt werden. Aber auch saisonales Obst wie Äpfel oder Kirschen sorgen dabei für köstliche Abwechslung.

Menge:
Für 12–14 Stücke:

Schwierigkeit:
leicht

Zubereitungszeit:
30 Minuten ohne Wartezeit

ZUBEREITUNG

1. Die Wiener Böden mit dem Johannisbeergelee bestreichen. Einen Boden auf eine Tortenplatte legen und mit einem Tortenring umschließen.

2. Die Johannisbeeren und die Erdbeeren verlesen, waschen, abtropfen lassen und die Erdbeeren in Stücke schneiden.

3. Die Früchte mit dem Zucker und dem Zitronensaft erwärmen, pürieren und die gewässerte, ausgedrückte Gelatine darin auflösen.

4. Den Erdbeerjoghurt unter das Fruchtpüree rühren und die geschlagene Sahne vorsichtig unterheben.

5. Die Hälfte der Creme auf dem Biskuit glatt streichen, mit dem zweiten Boden, die bestrichene Seite nach unten, abdecken und die restliche Creme darauf verstreichen.

6. Die Creme im Kühlschrank fest werden lassen. Anschließend den Tortenring entfernen.

7. Die Sahne mit dem San-apart steif schlagen, den Tortenrand damit bestreichen und die restliche Sahne auf die Torte dressieren.

8. Die Erdbeer-Johannisbeer-Torte mit gemahlenen Pistazien bestreuen, mit Erdbeeren und Johannisbeeren garnieren und bis zum Verzehr kühl aufbewahren.

Joghurttraumtorte mit Aprikosen

ZUTATEN

Für den Bröselboden:
Öl zum Bestreichen
Backpapier
250 g Zwieback
150 g sehr weiche Butter
1 Dose Aprikosen (480 g Abtropfgewicht)

Für die Creme:
Saft von 1 Orange
50 g Zucker
Saft von ½ Zitrone
8 Blatt weiße Gelatine
500 g Naturjoghurt
400 ml Sahne

Außerdem:
250 ml Orangensaft
3 Blatt weiße Gelatine
25 g dunkle Kuvertüre
20 g Mandelblättchen zum Bestreuen

Tipp:

Der Renner sind die superschnellen und kinderleicht herzustellenden Bröselböden, die aus fein gemahlenen, zerbröselten oder zerdrückten Löffelbiskuits, Butterkeksen, Cornflakes, Mürbeteigplätzchen oder Zwieback, Zucker und sehr weicher Butter geknetet werden. Man kann den Bröselteig nach Belieben mit Gewürzen, gemahlenen Nüssen oder Schokolade nach Herzenslust verfeinern oder abwandeln.

Menge:
Für 12–14 Stücke:

Schwierigkeit:
leicht

Zubereitungszeit:
35 Minuten ohne Wartezeit

ZUBEREITUNG

1. Einen Tortenring (26 cm Ø) mit Öl bestreichen und auf eine mit Backpapier belegte Tortenplatte stellen.

2. Die Zwiebäcke fein mahlen, mit der weichen Butter zu einem Bröselteig verkneten und diesen fest in die Form drücken.

3. Die Aprikosen gut abtropfen lassen. Vier Aprikosenhälften zum Garnieren beiseitelegen, die restlichen Aprikosen auf dem Bröselboden verteilen.

4. Den Orangensaft mit dem Zucker und dem Zitronensaft erwärmen. Die gewässerte, ausgedrückte Gelatine darin auflösen, den Naturjoghurt unterrühren und die steif geschlagene Sahne unterheben.

5. Die Creme auf den Aprikosen glatt streichen und etwas Creme in einen Spritzbeutel mit Lochtülle füllen. Die Torte im Kühlschrank fest werden lassen.

6. Den Orangensaft erwärmen und die gewässerte, ausgedrückte Gelatine darin auflösen. Den Guss auf der Torte verteilen und fest werden lassen.

7. Anschließend das Backpapier vorsichtig entfernen und den Tortenring abnehmen.

8. Die in Spalten geschnittenen Aprikosenhälften als Blüten auf die Torte legen, die Creme in die Blütenmitte spritzen.

9. Die Kuvertüre im Wasserbad schmelzen, in einen kleinen Spritzbeutel füllen, Kreise auf die Aprikosenblüten spritzen und trocknen lassen.

10. Die Joghurttorte am Rand mit Mandelblättchen bestreuen, dekorativ anrichten und servieren.

Pistazien-Marzipan-Torte

ZUTATEN

Für den Bröselboden:
Öl zum Bestreichen
Backpapier
250 g Löffelbiskuits
150 g sehr weiche Butter

Für die Creme:
50 ml Waldmeistersirup
Saft von 1 Zitrone
7 Blatt weiße Gelatine
500 g Naturjoghurt
400 ml Sahne

Außerdem:
50 g gemahlene Pistazien
100 g Marzipanrohmasse
2 TL Puderzucker
einige Tropfen grüne Speisefarbe
50 g weiße Kuvertüre
200 ml Sahne
2 TL San-apart
20 g gehackte Pistazien zum Bestreuen

ZUBEREITUNG

1. Einen Tortenring (26 cm Ø) mit Öl bestreichen und auf eine mit Backpapier belegte Tortenplatte stellen.

2. Die Löffelbiskuits fein mahlen, mit der weichen Butter zu einem Bröselteig verarbeiten und diesen fest in die Form drücken.

3. Für die Creme den Waldmeistersirup mit dem Zitronensaft erwärmen und die gewässerte, ausgedrückte Gelatine darin auflösen. Den Naturjoghurt unterrühren, die steif geschlagene Sahne unterheben.

4. Die Creme halbieren, die gemahlenen Pistazien unter eine Hälfte heben und diese wellenartig auf dem Bröselboden verteilen. Die restliche Creme darauf glatt streichen und im Kühlschrank fest werden lassen.

5. Anschließend das Backpapier vorsichtig entfernen und den Tortenring abnehmen.

6. Die Marzipanrohmasse mit dem gesiebten Puderzucker verkneten, mit einigen Tropfen Speisefarbe grün färben, in der Größe der Torte ausrollen und auf die Torte legen.

7. Die weiße Kuvertüre im Wasserbad schmelzen lassen, in einen kleinen Spritzbeutel füllen, Linien auf die Torte spritzen und trocknen lassen.

8. Die Sahne mit dem San-apart steif schlagen, in einen Spritzbeutel mit Lochtülle füllen und Tupfen an den Tortenrand spritzen. Die Torte mit gehackten Pistazien bestreuen und bis zum Verzehr kühl aufbewahren.

Tipp:
Wird Gelatine zum Festigen der Creme verwendet, müssen Sie einkalkulieren, dass die Torte einige Stunden im Kühlschrank ruhen muss, damit sie anschließend schnittfest ist.

Menge:
Für 12–14 Stücke:

Schwierigkeit:
leicht

Zubereitungszeit:
35 Minuten
ohne Wartezeit

Quark:
Quark macht die Füllung schön locker und saftig und ist die am meisten für Käsekuchen verwendete Zutat. Im Handel ist er in den Fettgehaltstufen Mager- bis Doppelrahmstufe erhältlich. Möchten Sie eine schön cremige Füllung zubereiten, verwenden Sie am besten 40 %igen Sahnequark. Wer kalorienreduzierter backen möchte, der kann auch den 20 %igen Speisequark verwenden.

Nusstorte mit Kirschen

ZUTATEN

Für den Bröselboden:
200 g Nusswaffeln
50 g flüssige Butter
Sonnenblumenöl zum Bestreichen
Backpapier

Außerdem:
1 Glas Sauerkirschen (350 g Abtropfgewicht)
200 ml Kirschsaft
4 cl Kirschwasser
1 EL geriebene Zitronenschale
50 g Zucker
9 Blatt weiße Gelatine
400 g Kirschjoghurt
600 ml Sahne
50 g Nusswaffeln
50 ml Sahne
100 g Schokoladenglasur

Tipp:
Für ein Wasserbad sollten Sie zwei ineinander passende Töpfe oder einen Topf und eine Schüssel verwenden. Der innere Topf sollte so im Wasser stehen, dass er den Topfboden des größeren Topfes nicht berührt.

Menge:
Für 12–14 Stücke:

Schwierigkeit:
leicht

Zubereitungszeit:
40 Minuten
ohne Wartezeit

ZUBEREITUNG

1. Die Nusswaffeln grob reiben oder fein hacken, mit der flüssigen Butter in eine Schüssel geben, verrühren und verkneten.

2. Einen Tortenring (26 cm Ø) innen mit Sonnenblumenöl bestreichen und ihn auf eine mit Backpapier belegte Tortenplatte setzen. Die Waffelmasse einfüllen, fest andrücken und im Kühlschrank starr werden lassen.

3. Die Sauerkirschen in einem Sieb abtropfen lassen und den Saft dabei auffangen.

4. Die Kirschen in eine Schüssel geben, mit Kirschwasser beträufeln und zugedeckt ziehen lassen.

5. Den Kirschsaft mit der Zitronenschale und dem Zucker erwärmen. Die gut gewässerte, ausgedrückte Gelatine darin auflösen, vom Herd nehmen und erkalten lassen. Kurz vor dem Festwerden den Kirschjoghurt kräftig unterrühren.

6. Die geschlagene Sahne unterziehen. Die Nusswaffeln grob hacken und unterrühren.

7. Die marinierten Kirschen unter die Creme ziehen, die Creme auf den Bröselboden geben, glatt streichen und im Kühlschrank – am besten über Nacht – vollständig erstarren lassen.

8. Die Torte aus dem Kühlschrank nehmen, den Tortenring und das Backpapier entfernen und die Torte auf eine Tortenplatte setzen.

9. Die Sahne mit der Schokoladenglasur in einem Topf erwärmen, die Glasur vollständig auflösen und anschließend leicht erkalten lassen.

10. Die Glasur mit einem Esslöffel auf den Rand der Torte geben, über den Rand laufen lassen, die Glasur fest werden lassen und die Torte bis zum Verzehr kühl stellen.

Nusstraumschnitten

ZUTATEN

Für den Bröselboden:
Öl zum Bestreichen
Backpapier
200 g Butterkekse
50 g geriebene Haselnüsse
150 g sehr weiche Butter

Für die Creme:
6 cl Amaretto
1 Päckchen Vanillezucker
50 g Zucker
8 Blatt weiße Gelatine
300 g Nussjoghurt
2 EL geriebene Haselnüsse
600 ml Sahne

Außerdem:
100 g Schokoladenglasur (Fertigprodukt)
je 50 g gehackte und geriebene Haselnüsse
Puderzucker zum Bestäuben

ZUBEREITUNG

1. Einen Tortenrahmen (23 x 23 cm) mit Öl bestreichen und auf eine mit Backpapier belegte Tortenplatte stellen.

2. Die Butterkekse fein mahlen, mit den Haselnüssen und der weichen Butter zu einem Bröselteig verkneten. Den Teig in die Form füllen, gut andrücken und im Kühlschrank fest werden lassen.

3. Für die Creme den Amaretto mit dem Vanillezucker und dem Zucker leicht erwärmen und die gewässerte, ausgedrückte Gelatine darin auflösen.

4. Den Nussjoghurt und die Haselnüsse unterrühren. Die Sahne steif schlagen und vorsichtig unterheben.

5. Die Creme auf dem Bröselboden glatt streichen und im Kühlschrank durchkühlen lassen.

6. Die Schokoladenglasur nach Packungsanweisung zubereiten. Kleckse auf Backpapier geben, mit gehackten Haselnüssen bestreuen und im Kühlschrank fest werden lassen.

7. Das Backpapier und den Tortenrahmen entfernen, die Schokoladenkleckse vorsichtig vom Papier lösen und an den Rand drücken.

8. Die Oberfläche mit geriebenen Haselnüssen bestreuen, mit Puderzucker bestäuben und die Nusstraum-Schnitten bis zum Verzehr kühl aufbewahren.

Variation:
Statt der Haselnüsse können Sie auch Walnüsse oder Mandeln verwenden.

Menge:
Für 12–14 Stücke:

Schwierigkeit:
leicht

Zubereitungszeit:
40 Minuten ohne Wartezeit

Weincremetorte

ZUTATEN

Für den Bröselboden:
Öl zum Bestreichen
Backpapier
250 g Vollkornbutterkekse
150 g sehr weiche Butter

Für die Creme:
200 ml lieblicher Weißwein
60 g Zucker
8 Blatt weiße Gelatine
500 g Magerquark
400 ml Sahne

Außerdem:
125 g Löffelbiskuits
1 Päckchen Tortenguss rot
250 ml Weißwein
50 g weiße Kuvertüre
1 Weinblatt
1 TL Zucker
1 Msp. Zimtpulver
Weintrauben zum Garnieren

ZUBEREITUNG

1. Einen Tortenring (26 cm Ø) mit Öl bestreichen und auf eine mit Backpapier belegte Tortenplatte stellen.

2. Die Vollkornbutterkekse fein mahlen, mit der weichen Butter zu einem Bröselteig verkneten, diesen in die Form füllen und fest andrücken.

3. Für die Creme den Weißwein mit dem Zucker erwärmen. Die gewässerte, ausgedrückte Gelatine darin auflösen.

4. Den Magerquark unterrühren und die steif geschlagene Sahne unterheben.

5. Die Hälfte der Creme in die Form füllen, am Rand nach oben streichen und die Löffelbiskuits schräg einschichten.

6. Die restliche Creme darauf glatt streichen und im Kühlschrank fest werden lassen.

7. Den Tortenguss mit dem Weißwein nach Packungsanweisung zubereiten, auf der Torte verteilen und den Guss fest werden lassen.

8. Anschließend das Backpapier vorsichtig entfernen und den Tortenring abnehmen.

9. Die Kuvertüre im Wasserbad schmelzen lassen, das Weinblatt damit dick bestreichen, im Kühlschrank fest werden lassen und das Weinblatt vorsichtig ablösen.

10. Den Zucker mit dem Zimt vermischen, das Schokoladenblatt damit schattieren, das Blatt auf die Weincremetorte legen und diese mit Weintrauben garnieren.

11. Die Weincremetorte bis zum Verzehr kühl aufbewahren.

Tipp:
Zum leichteren Einfüllen der Masse in den Spritzbeutel stecken Sie ihn in ein leeres, hohes Gefäß, schlagen den Rand um und füllen die Spritzmasse mit dem Gummischaber ein.

Menge:
Für 12–14 Stücke:

Schwierigkeit:
leicht

Zubereitungszeit:
40 Minuten
ohne Wartezeit

Quark:
Die Quarkmasse kann bei der Zubereitung mit verschiedenen Beigaben aromatisiert werden. Durch die Zugabe von Zitronen- oder Vanillearoma, Ahornsirup oder Saft kann der Geschmack nach Belieben verändert werden. Auch ein leichtes Zimtaroma harmoniert delikat mit dem frischen Geschmack der Quarkmasse. Durch die Verwendung von Kakao, dunkler Schokolade oder Mokka als Zutat in der Masse erhält der Käsekuchen neben einem kräftigeren Geschmack auch ein herrlich dunkles Aussehen.

Olgas Schokoladentorte

ZUTATEN

Für den Bröselboden:
Öl zum Bestreichen
Backpapier
250 g Russisch Brot
150 g sehr weiche Butter

Außerdem:
100 ml Milch, 1 EL Instantkaffee
1 EL Kakaopulver, 50 g Zucker
2 cl Wodka
7 Blatt weiße Gelatine
500 g Schokoladenjoghurt
400 ml Sahne
100 g Russisch Brot
Puderzucker zum Bestäuben

Menge:
Für 12–14 Stücke:

Schwierigkeit:
leicht

Zubereitungszeit:
40 Minuten
ohne Wartezeit

ZUBEREITUNG

1. Einen Tortenring (26 cm Ø) mit Öl bestreichen und auf eine mit Backpapier belegte Tortenplatte stellen. Das Russisch Brot fein mahlen, mit der weichen Butter zu einem Bröselteig verkneten, diesen in die Form geben und fest andrücken.

2. Für die Creme die Milch mit dem Instantkaffee, dem Kakaopulver und dem Zucker erwärmen. Den Wodka einrühren und die gewässerte, ausgedrückte Gelatine darin auflösen.

3. Den Schokoladenjoghurt unterrühren, die steif geschlagene Sahne unterheben und die Creme auf dem Bröselboden glatt streichen.

4. Die Creme im Kühlschrank fest werden lassen, anschließend das Backpapier vorsichtig entfernen und den Tortenring abnehmen. Den Tortenrand mit dem Russisch Brot belegen, die Torte mit Puderzucker bestäuben, dekorativ anrichten und servieren.

Aloe-Joghurt-Torte

(ohne Abbildung)

ZUTATEN

1 Lage Biskuitboden, hell (26 cm Ø, Fertigprodukt)
100 ml heller Traubensaft
50 g Zucker
1 Päckchen Vanillezucker
8 Blatt weiße Gelatine
600 g Joghurt mit Aloe
600 ml Sahne, 2 TL San-apart
1 EL Waldmeistersirup
30 g Mandelblättchen, 1 Kiwi

Menge:
Für 12–14 Stücke:

Schwierigkeit:
leicht

Zubereitungszeit:
40 Minuten
ohne Wartezeit

ZUBEREITUNG

1. Den Biskuitboden auf eine Tortenplatte legen und mit einem Tortenring umschließen.

2. Für die Creme den Traubensaft mit dem Zucker und dem Vanillezucker erwärmen. Die gewässerte, ausgedrückte Gelatine darin auflösen und den Joghurt unterheben.

3. Die Sahne steif schlagen und unterheben. Die Creme auf dem Biskuitboden glatt streichen und im Kühlschrank fest werden lassen. Anschließend den Tortenring entfernen.

4. Die Sahne mit dem San-apart und dem Waldmeistersirup steif schlagen und die Torte damit rundherum bestreichen.

5. Den Tortenrand und die Oberfläche mit Mandelblättchen bestreuen. Die Kiwi schälen, in Spalten schneiden und auf die Torte legen und bis zum Verzehr kühl aufbewahren.

Neapolitanertorte mit Johannisbeeren

ZUTATEN

Für den Bröselboden:
Öl zum Bestreichen
Backpapier
350 g Neapolitaner-Waffeln
75 g sehr weiche Butter

Für die Creme:
200 g Johannisbeeren
75 g Zucker
1 Päckchen Vanillezucker
7 Blatt weiße Gelatine
500 g Magerquark
300 ml Sahne

Außerdem:
300 ml Sahne
3 TL San-apart
50 g Neapolitaner-Waffeln
50 g Johannisbeeren
10 g gehackte Pistazien zum Bestreuen

ZUBEREITUNG

1. Einen Tortenring (26 cm Ø) mit Öl bestreichen und auf eine mit Backpapier belegte Tortenplatte stellen.

2. 250 g Neapolitaner-Waffeln zerdrücken und mit der weichen Butter zu einem Bröselteig verkneten.

3. 100 g Neapolitaner-Waffeln an den Formrand stellen, den Bröselteig einfüllen und fest andrücken.

4. Für die Creme die Johannisbeeren mit dem Zucker und dem Vanillezucker erwärmen.

5. Die gewässerte, ausgedrückte Gelatine darin auflösen, den Quark unterrühren und die steif geschlagene Sahne unterheben.

6. Die Creme vorsichtig in den Tortenring füllen, am Rand hochstreichen und im Kühlschrank fest werden lassen. Anschließend das Backpapier vorsichtig entfernen und den Tortenring abnehmen.

7. Die Sahne mit dem San-apart steif schlagen. Etwas Sahne zum Garnieren in einen Spritzbeutel mit Sterntülle füllen. Die restliche Sahne auf der Johannisbeercreme glatt streichen.

8. Die Torte mit Sahnetupfen, klein geschnittenen Neapolitaner-Waffeln und Johannisbeeren garnieren, mit gehackten Pistazien bestreuen, dekorativ anrichten und servieren.

Gelatine:
Eingeweichte Gelatine immer gut ausdrücken. Aufgelöste Gelatine sollte niemals in kochende Gerichte eingerührt werden, denn so kann sie nicht gelieren. Geben Sie sie in die warme Flüssigkeit und rühren Sie solange, bis sie sich aufgelöst hat. Beim Mischen mit kalten Speisen sollten Sie immer die kalte Masse zur Gelatine geben und nicht umgekehrt. Hierfür wird die im Wasser eingeweichte, ausgedrückte Gelatine in einem kleinen Topf bei geringer Hitze aufgelöst. Nun einige Esslöffel der kalten Flüssigkeit oder Masse mit der aufgelösten Gelatine verrühren. Zum Schluss den Rest der kalten Masse oder Flüssigkeit zufügen und alles gut miteinander ver-rühren. Als Faustregel für die Dosierung von Gelatine gilt: 6 Blatt auf 500 ml Flüssigkeit.

Menge:
Für 12–14 Stücke:

Schwierigkeit:
leicht

Zubereitungszeit:
45 Minuten
ohne Wartezeit

Himbeertorte

ZUTATEN

300 g fein gemahlene Löffelbiskuits
200 g sehr weiche Butter
Backpapier
150 g Himbeeren, 75 g Zucker
4 cl Amaretto
8 Blatt weiße Gelatine
250 g Quark
600 ml Sahne
150 g Löffelbiskuits
1 EL Kakaopulver
Löffelbiskuits und Himbeeren zum Garnieren
Puderzucker und Kakaopulver zum Bestäuben

Menge:
Für 12–14 Stücke:

Schwierigkeit:
leicht

Zubereitungszeit:
45 Minuten
ohne Wartezeit

ZUBEREITUNG

1. Eine Tortenplatte mit Backpapier belegen und einen Tortenring (26 cm Ø) daraufstellen. Die Biskuitbrösel mit der weichen Butter verkneten, fest in den Ring drücken und im Kühlschrank fest werden lassen.

2. Die verlesenen Himbeeren mit dem Zucker in einem Topf erwärmen und den Amaretto einrühren.

3. Die gewässerte, ausgedrückte Gelatine darin auflösen und den Quark einrühren. Die Sahne steif schlagen und unterheben.

4. Die Hälfte der Creme auf dem Bröselteig glatt streichen, mit den Löffelbiskuits belegen und leicht mit Kakaopulver bestäuben. Die restliche Creme vorsichtig daraufstreichen und im Kühlschrank fest werden lassen.

5 Den Tortenring abnehmen und das Backpapier entfernen. Die Himbeertorte mit Löffelbiskuits und Himbeeren garnieren, mit Puderzucker und Kakaopulver bestäuben, dekorativ anrichten und servieren.

Ananascharlotte

(ohne Abbildung)

ZUTATEN

Öl zum Bestreichen
Backpapier
1 große Dose Ananasscheiben
einige blaue Trauben
1 Dose Mandarinenfilets
150 ml Ananassaft
50 g Zucker
1 Päckchen Zitronenaroma
9 Blatt weiße Gelatine
500 g Magerquark
600 ml Sahne
1 Lage Wiener Boden, hell (26 cm Ø, Fertigprodukt)
Kokosflocken zum Bestreuen

ZUBEREITUNG

1. Einen Tortenring (26 cm Ø) innen mit Öl bestreichen und auf eine mit Backpapier belegte Tortenplatte stellen.

2. Die Ananas gut abtropfen lassen, dabei den Saft auffangen. Die Ananasscheiben in die Form und an den Rand legen. Die Zwischenräume mit blauen Trauben und gut abgetropften Mandarinenfilets ausfüllen.

3. Für die Creme den Ananassaft mit dem Zucker und dem Zitronenaroma erwärmen. Die gewässerte Gelatine darin auflösen.

4. Den Magerquark unterrühren, die Sahne steif schlagen und unterheben. Die restlichen Mandarinenfilets klein schneiden und ebenfalls unterheben.

5. Die Creme vorsichtig in den Ring füllen, glatt streichen und mit dem Wiener Boden abdecken.

6. Die Charlotte im Kühlschrank fest werden lassen.

7. Die Ananas-Charlotte auf eine Tortenplatte stürzen, den Tortenring und das Backpapier entfernen, die Torte mit Kokosflocken bestreuen, dekorativ anrichten und servieren.

Menge:
Für 12–14 Stücke:

Schwierigkeit:
leicht

Zubereitungszeit:
45 Minuten ohne Wartezeit

Schnelle Kirsch-Mandarinen-Torte

ZUTATEN

1 Lage Wiener Boden, dunkel, oder 1 fertiger Nussbiskuitboden (26 cm Ø, Fertigprodukt)

Für die Creme:
1 Dose Mandarinenfilets (175 g Abtropfgewicht)
1 Glas Cocktailkirschen (110 g Abtropfgewicht)
50 g Zucker
9 Blatt weiße Gelatine
300 g Magerquark
500 ml Sahne

Außerdem:
50 g Butterkekse
Puderzucker zum Bestäuben
Belegkirschen und Zitronenmelisseblättchen zum Garnieren

ZUBEREITUNG

1. Den Biskuitboden auf eine Tortenplatte legen und mit einem Tortenring umschließen.

2. Die Mandarinenfilets in einem Sieb abtropfen lassen und den Saft dabei auffangen. Die Cocktailkirschen ebenfalls abtropfen lassen und den Saft auffangen.

3. Den Kirschsaft mit dem Mandarinensaft auf 200 ml auffüllen und mit dem Zucker in einem Topf erwärmen.

4. Die gut gewässerte, ausgedrückte Gelatine darin auflösen, vom Herd nehmen und erkalten lassen.

5. Kurz vor dem Festwerden den Quark unterrühren und die geschlagene Sahne unterheben.

6. Die Mandarinenfilets und die klein geschnittenen Cocktailkirschen unter die Creme heben.

7. Die Creme auf den Biskuitboden geben, glatt streichen und im Kühlschrank – am besten über Nacht – vollständig erstarren lassen.

8. Die Torte aus dem Kühlschrank nehmen und den Tortenring entfernen.

9. Die Torte mit Butterkeksen belegen, mit Keksbröseln bestreuen, mit Puderzucker bestäuben, mit halbierten Belegkirschen und Zitronenmelisseblättchen garnieren und bis zum Verzehr kühl stellen.

Variation:
Statt der Cocktailkirschen können Sie auch Kaiserkirschen oder Amarenakirschen verwenden.

Menge:
Für 12–14 Stücke:

Schwierigkeit:
leicht

Zubereitungszeit:
45 Minuten
ohne Wartezeit

Aprikosen-Müsli-Torte

ZUTATEN

Für den Bröselboden:
250 g flüssige Halbfettbutter
150 g Müsli ohne Rosinen (Fertigprodukt)
Backpapier

Außerdem:
200 ml Aprikosensaft
75 g Zucker, Saft von 1 Zitrone
8 Blatt weiße Gelatine
500 g Magerquark
500 ml Sahne, 50 g Müsli
1 kleine Dose Aprikosen (210 g Abtropfgewicht)
frische Aprikosen
50 g Müsli, 30 g Rosinen

Menge:
Für 12–14 Stücke:

Schwierigkeit:
mittel

Zubereitungszeit:
35 Minuten ohne Wartezeit

ZUBEREITUNG

1. Die Halbfettbutter mit dem Müsli vermischen. Einen Tortenring (26 cm Ø) auf eine mit Backpapier belegte, flache Platte stellen, den Bröselteig einfüllen, fest andrücken und kalt stellen.

2. Den Aprikosensaft mit dem Zucker und dem Zitronensaft erwärmen und die gewässerte, ausgedrückte Gelatine darin auflösen.

3. Den Quark in den noch leicht warmen Saft einrühren.

4. Die geschlagene Sahne und das Müsli unterheben. Die gut abgetropften Aprikosen in Stücke schneiden und unterheben.

5. Die Creme auf dem Bröselboden glatt streichen und im Kühlschrank fest werden lassen.

6. Anschließend das Backpapier nach vorne herausziehen und den Tortenring entfernen.

7. Die Torte mit frischen Aprikosenschnitzen belegen, mit Müsli und Rosinen bestreuen und servieren.

Müslischnitten

(ohne Abbildung)

ZUTATEN

350 g Müslikekse
175 g sehr weiche Butter
Sonnenblumenöl zum Bestreichen
Backpapier
750 g weiße Weintrauben
200 ml weißer Traubensaft
70 g Honig
Saft von 1 Zitrone
10 Blatt weiße Gelatine
500 g Speisequark
600 ml Sahne
50 g Müslikekse
100 g Weintrauben

ZUBEREITUNG

1. Die Müslikekse grob reiben oder fein hacken, mit der weichen Butter in eine Schüssel geben, verrühren und verkneten.

2. Einen Schnittenrahmen (32 x 24 cm) innen mit Sonnenblumenöl bestreichen und ihn auf eine mit Backpapier belegte Tortenplatte setzen. Die Keksmasse einfüllen, fest andrücken und im Kühlschrank starr werden lassen.

3. Die Weintrauben verlesen, waschen, trocken tupfen und auf dem Bröselboden gleichmäßig verteilen.

4. Den Traubensaft mit dem Honig und dem Zitronensaft in einem Topf erwärmen. Die gut gewässerte, ausgedrückte Gelatine darin auflösen, vom Herd nehmen und erkalten lassen.

5. Kurz vor dem Festwerden den Speisequark kräftig unterrühren und die geschlagene Sahne unterheben. Die Creme gleichmäßig

auf den Weintrauben verteilen, glatt streichen und im Kühlschrank – am besten über Nacht – vollständig durchkühlen lassen.

6. Die Schnitten aus dem Kühlschrank nehmen, den Schnittenrahmen und das Backpapier entfernen.

7. Die Torte auf eine Tortenplatte setzen, in 16 Stücke schneiden, jedes Stück mit Müslikeksen und halbierten Weintrauben garnieren und bis zum Verzehr kühl stellen.

Menge:
Für 12–14 Stücke:

Schwierigkeit:
mittel

Zubereitungszeit:
40 Minuten ohne Wartezeit

Kiwitorte mit Limetten-Quark-Sahne

ZUTATEN

Für den Bröselboden:
Öl zum Bestreichen
Backpapier
250 g Zwieback
150 g sehr weiche Butter

Außerdem:
5 Kiwis
1 Päckchen Tortenguss klar
Saft von 2 Limetten
50 g Zucker
5 Blatt weiße Gelatine
400 g Magerquark
400 ml Sahne
2 Kiwis
1 Päckchen Tortenguss klar
25 g dunkle Kuvertüre
Minze und Kiwischeiben zum Garnieren

Variation:
Statt der Kiwis können Sie auch sehr gut Mangos, Papayas oder andere exotische Früchte verwenden.

ZUBEREITUNG

1. Einen Tortenring (26 cm Ø) mit Öl bestreichen und auf eine mit Backpapier belegte Tortenplatte stellen.

2. Die Zwiebäcke fein mahlen, mit der weichen Butter zu einer Bröselmasse verarbeiten und diese fest in die Form drücken.

3. Die Kiwis schälen, in Scheiben schneiden und auf den Bröselboden legen. Den Tortenguss nach Packungsanweisung zubereiten, auf den Kiwis verteilen und fest werden lassen.

4. Für die Creme den Limettensaft mit dem Zucker erwärmen. Die gewässerte, ausgedrückte Gelatine darin auflösen.

5. Den Quark unterrühren, die Sahne steif schlagen und unterheben. Die Creme auf den Kiwis glatt streichen und im Kühlschrank fest werden lassen.

6. Eine Kiwi schälen und pürieren. Den Tortenguss nach Packungsanweisung zubereiten und das Kiwipüree unterheben. Die Masse auf der Torte verteilen und erkalten lassen.

7. Die zweite Kiwi heiß abwaschen und die Schale mit einem Küchentuch fest abreiben. Die Kiwi in Scheiben schneiden, diese vierteln und den Tortenrand damit belegen.

8. Die Kuvertüre im Wasserbad schmelzen lassen und in einen kleinen Spritzbeutel füllen. Ornamente auf Backpapier spritzen, trocknen lassen und ablösen.

9. Das Backpapier vorsichtig entfernen und den Tortenring abnehmen. Die Kiwitorte mit den Schokoladenornamenten, Minze und Kiwischeiben garnieren, dekorativ anrichten und servieren.

Menge:
Für 12–14 Stücke:

Schwierigkeit:
leicht

Zubereitungszeit:
45 Minuten
ohne Wartezeit

Leichte Kühlschranktorte mit Zwieback

ZUTATEN

Für den Bröselboden:
200 g Zwieback
125 g weiche Butter oder Margarine
Öl zum Bestreichen
Backpapier

Für die Creme:
500 g Naturjoghurt
Saft von 1 Orange oder 50 ml Multivitaminsaft
50 g Zucker
1 Päckchen Vanillezucker
8 Blatt weiße Gelatine
400 ml Sahne

Außerdem:
300 ml Vitaminsaft
3 Blatt weiße Gelatine
gemischtes Obst zum Belegen (Himbeeren, Pflaumen, Nektarinen)
Puderzucker zum Bestäuben
frische Minze zum Garnieren

ZUBEREITUNG

1. Die Zwiebackscheiben in einen Gefrierbeutel geben und mit dem Nudelholz zerdrücken. In einer Schüssel mit der weichen Butter oder Margarine gut verkneten.

2. Einen Tortenring (26 cm Ø) mit Öl bestreichen, auf eine mit Backpapier belegte Tortenplatte stellen und die Bröselmasse fest hineindrücken.

3. Den Naturjoghurt mit dem Orangen- oder Multivitaminsaft, dem Zucker und dem Vanillezucker verrühren.

4. Die gut gewässerte Gelatine ausdrücken, in wenig warmem Wasser auflösen und unter den Joghurt ziehen. Die Sahne steif schlagen und unterheben.

5. Die Creme auf den Bröselboden streichen, dabei oben ½ cm Rand frei lassen.

6. Die Torte im Kühlschrank, – am besten über Nacht –, durchkühlen lassen. Das Backpapier nach vorne unter dem Tortenring herausziehen.

7. Den Multivitaminsaft in einem Topf erwärmen, die gewässerte Gelatine ausdrücken und darin auflösen.

8. Den Saft abkühlen lassen, auf die Creme gießen und im Kühlschrank fest werden lassen. Anschließend den Tortenring entfernen.

9. Die Kühlschranktorte mit dem Obst belegen, mit Puderzucker bestäuben, mit Minze garnieren, dekorativ anrichten und bis zum Verzehr kühl stellen.

Variation:
Statt des Vitaminsaftes können Sie auch sehr gut einen anderen Saft Ihrer Wahl verwenden.

Menge:
Für 12–14 Stücke:

Schwierigkeit:
leicht

Zubereitungszeit:
45 Minuten
ohne Wartezeit

Zitronenmelisse:
Selbst getrocknet hält sich das Aroma der Zitronenmelisse nur begrenzt, auch wenn sie in einem luftdicht verschlossenen Glas aufbewahrt wird.

Orangentorte

ZUTATEN

Für den Bröselboden:
Öl zum Bestreichen
Backpapier
200 g Butterkekse
125 g sehr weiche Butter

Außerdem:
1 unbehandelte Orange
100 ml Orangensaft
50 g Getränkepulver Orange
50 g Zucker
8 Blatt weiße Gelatine
500 g Magerquark
500 ml Sahne
1 Päckchen Tortenguss klar
200 ml Orangensaft
50 g Getränkepulver Orange
½ unbehandelte Orange
einige Tropfen rote Speisefarbe
Orangenschnitze zum Garnieren

Tipp:
Das Getränkepulver können Sie auch durch Orangenaroma oder Orangenmarmelade ersetzen. Sie sollten dann aber den Zucker entsprechend reduzieren.

Menge:
Für 12–14 Stücke:

Schwierigkeit:
leicht

Zubereitungszeit:
45 Minuten ohne Wartezeit

ZUBEREITUNG

1. Einen Tortenring (26 cm Ø) mit Öl bestreichen und auf eine mit Backpapier belegte Tortenplatte stellen.

2. Die Butterkekse fein reiben, mit der weichen Butter zu einem Bröselteig verkneten, den Teig in die Form füllen und fest andrücken.

3. Die Orange unter heißem Wasser abbürsten, trocken tupfen, in Scheiben schneiden, diese halbieren und an den Rand setzen.

4. Für die Creme den Orangensaft mit dem Getränkepulver und dem Zucker erwärmen.

5. Die gewässerte, gut ausgedrückte Gelatine darin auflösen und den Magerquark unterrühren. Die Sahne steif schlagen und unterheben.

6. Die Creme auf den Bröselboden geben, glatt streichen und im Kühlschrank fest werden lassen.

7. Den Tortenguss mit dem Orangensaft und dem Getränkepulver nach Packungsanweisung zubereiten, auf die Torte träufeln und fest werden lassen. Anschließend das Backpapier und den Tortenring entfernen.

8. Die Orange unter heißem Wasser abbürsten, von der Schale dünne Streifen abschneiden und diese mit roter Speisefarbe einfärben.

9. Die Torte damit belegen und mit Orangenschnitzen garnieren. Die Orangentorte bis zum Verzehr kühl aufbewahren.

Schoko-Philadelphia-Torte

ZUTATEN

Für den Bröselboden:
250 g Gewürzspekulatius
100 g Butter
Öl zum Bestreichen
Backpapier

Für die Creme:
500 g Doppelrahmfrischkäse
500 g Magerquark
200 g Zucker
4 EL Honig
1–2 EL Zimt
2 cl Amaretto
10–12 Blatt weiße Gelatine
200 ml Sahne
1 TL Kakaopulver

Außerdem:
100 g Spekulatius
Puderzucker zum Bestäuben

ZUBEREITUNG

1. Die Spekulatius in einen Frischhaltebeutel geben und mit einem Nudelholz zerkrümeln.

2. Die Butter in einem Topf schmelzen lassen, zu den Bröseln geben und vermischen.

3. Einen Tortenring (26 cm Ø) mit Öl bestreichen und auf eine mit Backpapier belegte Tortenplatte stellen.

4. Den Krümelteig gleichmäßig einfüllen und andrücken. Den Tortenboden im Kühlschrank fest werden lassen.

5. Für die Creme den Doppelrahmfrischkäse mit dem Magerquark, dem Zucker, dem Honig, dem Zimt und dem Amaretto in eine Schüssel geben und glatt rühren.

6. Die gut gewässerte Gelatine ausdrücken, in wenig heißem Wasser auflösen und unter die Creme ziehen.

7. Die Sahne steif schlagen, den gesiebten Kakao einrühren und so unter die Frischkäsecreme ziehen, dass ein Marmormuster entsteht.

8. Den Tortenboden aus dem Kühlschrank nehmen, die Creme einfüllen und glatt streichen. Im Kühlschrank fest werden lassen. Anschließend das Backpapier und den Tortenring entfernen.

9. Die Spekulatius in einem Klarsichtbeutel mit einem Nudelholz zerbröseln und die Brösel auf die Torte streuen. Die Torte mit Puderzucker bestäuben.

10. Die Schoko-Philadelphia-Torte dekorativ anrichten, garnieren und servieren.

Tipp:
Präzises Abmessen und Abwiegen ist für das Gelingen unserer Torten sehr wichtig. Ein Messbecher mit einer feinen Einteilung garantiert genaues Dosieren der Flüssigkeiten. Eine digitale Küchenwaage mit Zumessfunktion erleichtert Ihnen das Wiegen aller benötigten Zutaten.

Menge:
Für 12–14 Stücke:

Schwierigkeit:
leicht

Zubereitungszeit:
45 Minuten
ohne Wartezeit

Zimt:
Zimt und Canehl stammen beide vom immergrünen Zimtlorbeerbaum. Sie sind keine Früchte, sondern die von der Außenborke befreiten Innenrinden des Zimtbaumes. Zimt kommt gemahlen, Ceylon-Canehl nur als Stangenzimt in den Handel. Zimt ist in Stangen oder als Pulver erhältlich. Sie sollten die Stangen oder Pulver in kleinen Mengen kaufen, da der Geschmack und das Zimtaroma schnell nachlässt.

Frischkäsetorte

ZUTATEN

1 Lage Wiener Boden, dunkel (26 cm Ø, Fertigprodukt)
100 ml Orangensaft (kalorienarm)
50 g Zucker
4 Blatt weiße Gelatine
400 g Frischkäse
200 ml Sahne
2 Orangen
200 ml Orangensaft
3 Blatt weiße Gelatine

Menge:
Für 12–14 Stücke:

Schwierigkeit:
mittel

Zubereitungszeit:
45 Minuten ohne Wartezeit

ZUBEREITUNG

1. Den Wiener Boden auf eine Tortenplatte legen und mit einem Tortenring umschließen. Den Orangensaft mit dem Zucker erwärmen und die gewässerte, ausgedrückte Gelatine darin auflösen.

2. Den Frischkäse leicht unterrühren, die Sahne steif schlagen und unterheben. Die Creme auf dem Schokoboden verteilen, glatt streichen und im Kühlschrank fest werden lassen.

3. Die Orangen schälen, die Filets herauslösen und in Stücke schneiden. Mit dem Orangensaft in einen Topf geben und durchkochen lassen.

4. Die gewässerte, ausgedrückte Gelatine im noch warmen Orangenmus auflösen, das Mus auf die Torte geben und mit einem Löffel nach außen ziehen.

5. Das Mus im Kühlschrank fest werden lassen, anschließend den Tortenring entfernen. Die Torte in Stücke schneiden und servieren.

Buttermilchtorte

(ohne Abbildung)

ZUTATEN

200 g Feingebäck „Wild Berries mit Früchten"
125 g Butter, Backpapier
250 ml Buttermilch
75 g Zucker
8 Blatt weiße Gelatine
600 ml Sahne
250 g Himbeeren
20 g Kakaopulver zum Bestäuben
Feingebäck, Himbeeren und Minze zum Garnieren

Menge:
Für 12–14 Stücke:

Schwierigkeit:
mittel

Zubereitungszeit:
45 Minuten ohne Wartezeit

ZUBEREITUNG

1. Eine Tortenplatte mit Backpapier belegen und einen Tortenring daraufstellen.

2. Das Feingebäck fein zerreiben, mit der weichen Butter zu einem Bröselteig verarbeiten und diesen fest in die Form drücken.

3. Die Buttermilch mit dem Zucker leicht erwärmen und die gewässerte, ausgedrückte Gelatine darin auflösen.

4. Die geschlagene Sahne und die verlesenen Himbeeren unterheben.

5. Die Masse auf dem Bröselboden verteilen und glatt streichen. Im Kühlschrank fest werden lassen.

6. Den Tortenring entfernen und das Backpapier nach vorne herausziehen. Die Torte mit Kakaopulver bestäuben, mit Feingebäck, Himbeeren und Minze garnieren, dekorativ anrichten und servieren.

Vollkorntorte mit roten Trauben

ZUTATEN

Für den Bröselboden:
225 g Vollkorn-Butterkekse
150 g sehr weiche Butter
Sonnenblumenöl zum Bestreichen
Backpapier

Für die Creme:
150 ml Milch
4 Päckchen Vanillezucker
25 g Zucker
7 Blatt weiße Gelatine
400 g Frischkäse
500 ml Sahne
400 g rote Weintrauben

Außerdem:
50 g rote Weintrauben
1 Eiweiß
Zucker zum Wenden
50 g Schokoladenglasur

Variation:
Statt der Weintrauben können Sie auch sehr gut Stachelbeeren oder Jostabeeren verwenden.

ZUBEREITUNG

1. Die Vollkorn-Butterkekse grob reiben oder fein hacken, mit der weichen Butter in eine Schüssel geben, verrühren und verkneten.

2. Einen Tortenring (26 cm Ø) innen mit Sonnenblumenöl bestreichen und ihn auf eine mit Backpapier belegte Tortenplatte setzen. Die Keksmasse einfüllen, fest andrücken und im Kühlschrank starr werden lassen.

3. Die Milch mit dem Vanillezucker und dem Zucker in einem Topf erwärmen. Die gut gewässerte, ausgedrückte Gelatine darin auflösen, vom Herd nehmen und erkalten lassen.

4. Den Frischkäse glatt rühren und kurz vor dem Festwerden der Creme unterrühren, anschließend die steif geschlagene Sahne unterziehen.

5. Die Weintrauben verlesen, waschen, trocken tupfen, unter die Creme heben, die Creme auf den Bröselboden geben und glatt streichen. Im Kühlschrank – am besten über Nacht – vollständig erstarren lassen.

6. Die Torte aus dem Kühlschrank nehmen, den Tortenring und das Backpapier entfernen und die Torte auf eine Tortenplatte setzen.

7. Die Weintrauben verlesen, waschen, halbieren, mit dem verschlagenen Eiweiß bestreichen, in Zucker wenden und dekorativ auf die Torte setzen.

8. Die Schokoladenglasur nach Packungsanweisung schmelzen und in einen kleinen Spritzbeutel füllen. Ein dekoratives Muster auf die Torte dressieren und die Torte bis zum Verzehr kühl stellen.

Menge:
Für 12–14 Stücke:

Schwierigkeit:
leicht

Zubereitungszeit:
45 Minuten
ohne Wartezeit

Zitronentorte mit Trauben

ZUTATEN

Für den Bröselboden:
Öl zum Bestreichen
Backpapier
100 g Cornflakes
150 g Kuvertüre
50 ml Sahne

Außerdem:
500 g grüne Trauben
Saft und Schale von 2 unbehandelten Zitronen
75 g Zucker
7 Blatt weiße Gelatine
300 g Sauerrahm
500 ml Sahne
150 ml Wasser
1 EL Zucker
Saft von 1 Zitrone
2 Blatt weiße Gelatine
25 g dunkle Kuvertüre
einige grüne Trauben
½ Eiweiß zum Bestreichen
Zucker zum Bestreuen

Tipp:
Unser Rezept lässt sich sehr gut auch mit Erdbeeren, Heidelbeeren oder Johannisbeeren herstellen.

Menge:
Für 12–14 Stücke:

Schwierigkeit:
leicht

Zubereitungszeit:
45 Minuten ohne Wartezeit

ZUBEREITUNG

1. Einen Tortenring (26 cm Ø) mit Öl bestreichen und auf eine mit Backpapier belegte Tortenplatte stellen. Die Cornflakes leicht zerdrücken und in der Form verteilen.

2. Die grob gehackte Kuvertüre mit der Sahne in einem Topf schmelzen lassen, über den Cornflakes verteilen und fest werden lassen. Die verlesenen, gewaschenen und abgetropften Trauben darauflegen.

3. Für die Creme den Zitronensaft, die Zitronenschale und den Zucker in einem Topf erwärmen. Die gewässerte, ausgedrückte Gelatine darin auflösen.

4. Den Sauerrahm unterrühren, die Sahne steif schlagen und unterheben. Die Creme auf dem Bröselboden glatt streichen und im Kühlschrank fest werden lassen.

5. Das Wasser mit dem Zucker und dem Zitronensaft aufkochen und abkühlen lassen.

6. Die gewässerte, ausgedrückte Gelatine im lauwarmen Saft auflösen, diesen auf der Torte verteilen und fest werden lassen. Das Backpapier vorsichtig entfernen und den Tortenring abnehmen.

7. Die Kuvertüre im Wasserbad schmelzen lassen, in einen kleinen Spritzbeutel füllen und ein feines Muster auf den Tortenrand spritzen.

8. Die verlesenen, gewaschenen und trocken getupften Trauben mit Eiweiß bestreichen, mit Zucker bestreuen, trocknen lassen und die Torte damit garnieren.

9. Die Zitronentorte bis zum Verzehr kühl aufbewahren.

Pfirsich-Mascarpone-Torte mit Kirschen

ZUTATEN

Für den Bröselboden:
250 g Vollkorn-Butterkekse
150 g sehr weiche Butter
Sonnenblumenöl zum Bestreichen
Backpapier

Für die Creme:
400 ml Sahne
4 TL San-apart
200 g Mascarpone

Außerdem:
1 Dose Pfirsiche
1 Glas Kaiserkirschen
1 Päckchen Tortenguss klar

ZUBEREITUNG

1. Die Vollkorn-Butterkekse grob reiben oder fein hacken, mit der weichen Butter in eine Schüssel geben, verrühren und verkneten.

2. Einen Tortenring (26 cm Ø) innen mit Sonnenblumenöl bestreichen und ihn auf eine mit Backpapier belegte Tortenplatte setzen.

3. Die Keksmasse einfüllen, gut andrücken und im Kühlschrank fest werden lassen.

4. Die Sahne mit dem San-apart steif schlagen und den Mascarpone einrühren.

5. Die Masse auf dem Bröselboden verteilen, glatt streichen und eine halbe Stunde kühl stellen.

6. Die Pfirsiche und die Kaiserkirschen abgießen und gut abtropfen lassen. Dabei den Saft der Pfirsiche auffangen. Die Früchte auf der Creme verteilen.

7. Den Tortenguss mit dem Pfirsichsaft nach Packungsanweisung zubereiten, gleichmäßig über den Früchten verteilen und fest werden lassen. Anschließend den Tortenring und das Backpapier entfernen.

8. Die Torte auf eine Tortenplatte setzen und bis zum Verzehr im Kühlschrank aufbewahren.

Variation:
Dosenobst bleibt für Obstkuchen besser in Form, wenn es nach dem Abtropfen in Puderzucker gewälzt wird. Damit der Kuchen dann nicht zu süß wird, lieber auf den Zucker für den Tortenguss verzichten.

Menge:
Für 12–14 Stücke:

Schwierigkeit:
mittel

Zubereitungszeit:
45 Minuten ohne Wartezeit

Amaretto-Kirsch-Torte mit Mascarpone

ZUTATEN

Für den Bröselboden:
100 g Sanella
150 g Zucker
100 g Haferfleks
100 g gemahlene Mandeln
3 EL Dosenmilch
Öl zum Bestreichen
Backpapier

Für die Creme:
500 g Mascarpone
4 cl Amaretto
2 Päckchen Vanillezucker
9 Blatt weiße Gelatine
600 ml Sahne

Außerdem:
1 Glas Schattenmorellen (480 g Abtropfgewicht)
100 ml Kirschsaft
Puderzucker zum Bestäuben
Belegkirschen, Mandelblättchen, Schokodekor-Blätter und Melissezweige zum Garnieren

ZUBEREITUNG

1. Die Sanella in einen Topf geben und schmelzen lassen. Den Zucker, die zerbröselten Haferfleks und die Mandeln untermischen. Zum Schluss die Dosenmilch dazugeben.

2. Einen Tortenring (26 cm Ø) mit Öl bestreichen, auf eine mit Backpapier belegte Tortenplatte stellen, den Bröselteig einfüllen und leicht andrücken. Im Kühlschrank fest werden lassen.

3. Für die Creme den Mascarpone mit dem Amaretto und dem Vanillezucker in eine Schüssel geben und glatt rühren.

4. Die gut gewässerte Gelatine ausdrücken, in wenig heißem Wasser auflösen und unter die Mascarponecreme ziehen.

5. Die Sahne steif schlagen und unterheben. Die Hälfte der Mascarponecreme auf den Tortenboden geben.

6. Die Schattenmorellen gut abtropfen lassen, dabei den Kirschsaft auffangen. Die Kirschen auf der Creme verteilen und mit der restlichen Creme abdecken.

7. Den Kirschsaft vorsichtig auf die Tortenoberfläche träufeln und mit einer Gabel oder einem Löffel ein Muster einziehen. Die Torte im Kühlschrank fest werden lassen.

8. Die Amaretto-Kirsch-Torte aus dem Kühlschrank nehmen, den Tortenring und das Backpapier entfernen.

9. Die Torte mit Puderzucker bestäuben, mit Belegkirschen, Mandelblättchen, Schokodekor-Blättern und Melissezweigen garnieren und bis zum Verzehr kühl aufbewahren.

Tipp:
Wenn Sie keinen Amaretto für die Creme verwenden möchten, so geben Sie einfach Mandelaroma zur Füllung.

Menge:
Für 12–14 Stücke:

Schwierigkeit:
mittel

Zubereitungszeit:
45 Minuten
ohne Wartezeit

Weinbrandtorte

ZUTATEN

200 g Löffelbiskuits
125 g sehr weiche Butter
Sonnenblumenöl zum Bestreichen
Backpapier
400 g Mascarpone
4 cl Weinbrand, 50 g Zucker
400 ml Sahne, 4 TL San-apart
100 g Schokosplitter
Kakaopulver zum Bestäuben
Weinbrandbohnen zum Belegen

Menge:
Für 12–14 Stücke:

Schwierigkeit:
leicht

Zubereitungszeit:
45 Minuten ohne Wartezeit

ZUBEREITUNG

1. Die Löffelbiskuits grob reiben oder fein hacken, mit der weichen Butter in eine Schüssel geben, verrühren und verkneten.

2. Einen Tortenring (26 cm Ø) innen mit Öl bestreichen und ihn auf eine mit Backpapier belegte Tortenplatte setzen. Die Masse einfüllen, fest andrücken und im Kühlschrank starr werden lassen.

3. Für die Creme den Mascarpone mit dem Weinbrand und dem Zucker in eine Schüssel geben und glatt rühren. Die Sahne mit dem San-apart steif schlagen und unterheben.

4. Die Hälfte der Creme auf den Bröselboden geben, glatt streichen und mit den Schokosplittern bestreuen. Mit der restlichen Creme überziehen, glatt streichen, ein Wellenmuster auftragen und die Torte im Kühlschrank mindestens zwei Stunden vollständig durchkühlen lassen.

5. Die Torte aus dem Kühlschrank nehmen, den Tortenring und das Backpapier entfernen und die Torte auf eine Tortenplatte setzen.

6. Die Weinbrandtorte mit Kakaopulver bestäuben, mit Weinbrandbohnen garnieren und bis zum Verzehr kühl stellen.

Stracciatellakuchen

(ohne Abbildung)

ZUTATEN

200 g Butterkekse
75 g Butter
Butter zum Ausfetten
250 g Mascarpone
75 g Zucker
4 cl Amaretto
5 Blatt weiße Gelatine
400 ml Sahne
25 g Schokostreusel
500–750 g kleine Erdbeeren
1 Päckchen Tortenguss klar
Mandelblättchen zum Bestreuen

ZUBEREITUNG

1. Die Kekse zerbröseln und mit der Butter verkneten. Eine Springform (26 cm Ø) ausfetten, die Keksmasse einfüllen, glatt streichen, fest andrücken und im Kühlschrank erstarren lassen.

2. Den Mascarpone mit Zucker und Amaretto glatt rühren.

3. Die gewässerte, ausgedrückte Gelatine in wenig heißem Wasser auflösen und vorsichtig unter die Creme ziehen.

4. Die Sahne steif schlagen und mit den Schokostreuseln unter die Creme heben. Die Creme auf dem Tortenboden glatt streichen.

5. Die Erdbeeren verlesen, putzen, waschen, trocken tupfen und in die Creme drücken. Den Kuchen im Kühlschrank fest werden lassen.

6. Den Tortenguss nach Packungsanweisung zubereiten, den Kuchen damit überziehen und den Guss erstarren lassen.

7. Den Springformring entfernen, den Kuchen auf eine Tortenplatte setzen und den Rand mit Mandelblättchen bestreuen.

8. Den Stracciatella-Erdbeer-Kuchen bis zum Verzehr kühl aufbewahren.

Menge:
Für 12–14 Stücke:

Schwierigkeit:
leicht

Zubereitungszeit:
45 Minuten ohne Wartezeit

Mirabellenkuchen

ZUTATEN

2 Gläser Mirabellen
(à 385 g Abtropfgewicht)
250 g Butter, 250 g Zucker
1 Päckchen Zitronenaroma
4 Eier, 500 g Mehl
5 gestrichene TL Backpulver
ca. 150 ml Mirabellensaft
Butter zum Ausfetten
3 EL Mandelblättchen
150 g Karamellsirup
200 g Mandelblättchen
150 g Aprikosenmarmelade
Puderzucker zum Bestäuben

Menge:
Für 14–16 Stücke:

Schwierigkeit:
leicht

Zubereitungszeit:
75 Minuten ohne Wartezeit

ZUBEREITUNG

1. Die Mirabellen gut abtropfen lassen, dabei den Saft auffangen.

2. Butter mit Zucker und Zitronenaroma in einer Schüssel schaumig schlagen. Die Eier einzeln nach und nach unterrühren. Das gesiebte Mehl mit Backpulver vermischen und unterheben. Zum Schluss den Mirabellensaft einrühren.

3. Eine Blechkuchenform (23 x 35 cm) ausfetten und mit Mandelblättchen ausstreuen. Den Teig einfüllen, glatt streichen und die Mirabellen darauf verteilen.

4. Sirup erwärmen, Mandelblättchen untermischen und auf dem Teig verteilen. Den Kuchen im auf 180 °C vorgeheizten Backofen ca. 50 Minuten backen, herausnehmen und erkalten lassen. Die Marmelade erhitzen, durch ein Sieb streichen, den Mirabellenkuchen damit aprikotieren, mit Puderzucker bestäuben, in Stücke schneiden und servieren.

Birnenkuchen

(ohne Abbildung)

ZUTATEN

Für den Rührteig:
250 g Butter, 225 g Zucker
2 Päckchen Vanillezucker
4 Eier, 500 g Mehl
1 Päckchen Backpulver
100 ml Birnensaft
Butter zum Ausfetten

Außerdem:
2 Dosen Birnen
100 g Aprikosenmarmelade

Menge:
Für 14–16 Stücke:

Schwierigkeit:
leicht

Zubereitungszeit:
75 Minuten ohne Wartezeit

ZUBEREITUNG

1. Butter, Zucker und Vanillezucker schaumig schlagen. Die Eier einzeln nach und nach unterrühren. Mehl mit Backpulver vermischen, daraufsieben und unterheben.

2. Den Birnensaft unterrühren. Auf einem gefetteten Backblech glatt streichen und die Birnen hineindrücken.

3. Den Kuchen im auf 180 °C vorgeheizten Backofen 45–50 Minuten backen.

4. Aus dem Ofen nehmen, mit der verrührten Aprikosenmarmelade glasieren, erkalten lassen und servieren.

Marmeladenkuchen

ZUTATEN

Für den Rührteig:
150 g Butter
½ Sahnebecher Zucker
1 Päckchen Zitronenaroma
1 Päckchen Vanillezucker
4 Eier
1 ½ Sahnebecher Mehl
½ Sahnebecher geschälte, gemahlene Mandeln
2 TL Backpulver
Butter zum Ausfetten

Außerdem:
150 g Pfirsich- oder Aprikosenmarmelade
200 ml Sahne
2 TL San-apart
Pfirsichspalten zum Belegen
gehackte Pistazien zum Bestreuen

ZUBEREITUNG

1. Die weiche Butter mit dem Zucker in eine Schüssel geben und schaumig schlagen.

2. Das Zitronenaroma und den Vanillezucker unterrühren. Die Eier nach und nach dazugeben und schaumig schlagen.

3. Das gesiebte Mehl mit den Mandeln und dem Backpulver vermischen und vorsichtig unter die Eicreme ziehen.

4. Eine Kastenform (30 cm Länge) ausfetten, den Teig einfüllen, in dem auf 180 °C vorgeheizten Backofen 45–50 Minuten backen, herausnehmen und erkalten lassen.

5. Den Kuchen drei- bis viermal quer durchschneiden. Die Pfirsich- oder Aprikosenmarmelade glatt rühren und die Böden damit bestreichen.

6. Anschließend die Böden aufeinandersetzen. Den Kuchen rundherum mit Marmelade bestreichen.

7. Die Sahne mit dem San-apart steif schlagen und in einen Spritzbeutel mit Sterntülle füllen. Den Marmeladenkuchen damit verzieren.

8. Den Marmeladenkuchen mit Pfirsichspalten belegen, mit gehackten Pistazien bestreuen, garnieren, dekorativ anrichten und servieren.

Variation:
Statt der Pfirsich- oder Aprikosenmarmelade können Sie auch eine hausgemachte Johannisbeerkonfitüre verwenden.

Menge:
Für 12–14 Stücke:

Schwierigkeit:
leicht

Zubereitungszeit:
75 Minuten
ohne Wartezeit

Johannisbeerkonfitüre:
Zu den Kürbiskernbrötchen passt sehr gut eine Johannisbeerkonfitüre mit Mandeln. Hierfür 100 g Mandelblättchen im auf 180–200 °C vorgeheizten Backofen goldbraun rösten. 1 kg rote Johannisbeeren waschen, gut abtropfen lassen, entstielen und in einen großen Topf geben. 1 Messerspitze Einmachhilfe mit 1 Päckchen Zitronensäure und 1 kg Gelierzucker unterrühren, das Ganze zum Kochen bringen und unter ständigem Rühren vier Minuten sprudelnd kochen lassen. Die Mandelblättchen unterrühren, die Konfitüre in sterilisierte, kalt ausgespülte Twist-off-Gläser füllen, diese sofort verschließen, stürzen und erkalten lassen.

Erdbeer-Schoko-Schnitten

ZUTATEN

Für den Rührteig:
250 g Butter, 200 g Zucker
1 Päckchen Vanillezucker
50 ml kaltes Wasser
2 EL Kakaopulver
250 g Mehl, 2 TL Backpulver
Backpapier

Für die Creme:
400 ml süße Sahne
2 TL San-apart
1 gehäufter TL Kakaopulver

Außerdem:
500 g Erdbeeren
1 Päckchen Tortenguss rot

Menge:
Für 12–14 Stücke:

Schwierigkeit:
leicht

Zubereitungszeit:
45 Minuten
ohne Wartezeit

ZUBEREITUNG

1. Die Butter mit dem Zucker und dem Vanillezucker in einer Schüssel schaumig schlagen.

2. Wasser mit 2 EL Kakaopulver verrühren und unter die Buttercreme rühren. Mehl mit Backpulver auf die Buttercreme sieben und unterrühren. Den Teig auf ein mit Backpapier belegtes Blech geben und glatt streichen. In dem auf 180–200 °C vorgeheizten Backofen 25 Minuten backen, erkalten lassen und das Backpapier abziehen.

3. Die Sahne mit dem San-apart und dem Kakaopulver steif schlagen, in einen Spritzbeutel mit Lochtülle füllen und in erdbeergroßen Abständen auf den Boden spritzen.

4. Die Erdbeeren verlesen, waschen, halbieren und zwischen die Kakaosahne legen. Den Tortenguss nach Packungsanweisung zubereiten, auf den Erdbeerhälften verteilen und den Kuchen bis zum Verzehr kühl stellen.

Rumkuchen

(ohne Abbildung)

ZUTATEN

250 g Butter, 200 g Zucker
1 Prise Salz
abgeriebene Schale
von ½ Zitrone, 6 Eier
250 g Mehl
150 g Kokosflocken
2–3 EL Rum
Butter zum Ausfetten
1 große Dose Ananas in Scheiben
100 g Aprikosenmarmelade
1 EL Rum, 100 g Kokosflocken
Schokoblättchen und Kirschen zum Belegen

ZUBEREITUNG

1. Die Butter mit dem Zucker, dem Salz und der abgeriebenen Zitronenschale schaumig rühren. Die Eier einzeln darunterrühren.

2. Das gesiebte Mehl mit den Kokosflocken vermischen und unterrühren. Den Teig mit Rum aromatisieren.

3. Eine Springform (26 cm Ø) ausfetten und die Hälfte des Teiges einfüllen. Die Ananas gut abtropfen lassen, fünf Scheiben beiseitelegen, den Rest in kleine Stücke schneiden und auf den Teig streuen.

4. Den Kuchen mit dem restlichen Teig bedecken und im auf 180–200 °C vorgeheizten Backofen 45–50 Minuten backen.

5. Die Aprikosenmarmelade erhitzen, durch ein Sieb streichen und mit dem Rum verrühren.

6. Den fertigen Kuchen aus dem Ofen nehmen und sofort mit der Aprikosenmarmelade überziehen. Die Ananasscheiben in den Kokosflocken wälzen und auf den Kuchen legen.

7. Die Schokoblättchen zur Hälfte mit Aprikosenmarmelade bestreichen und mit Kokosflocken bestreuen.

8. Den Kuchen mit den restlichen Kokosflocken bestreuen und den Rand damit verzieren.

9. Den Kuchen vollständig erkalten lassen, die Schokoblättchen und die Kirschen in die Ananasringe stecken, den Kuchen in Stücke schneiden, dekorativ anrichten und servieren.

Menge:
Für 12–14 Stücke:

Schwierigkeit:
leicht

Zubereitungszeit:
75 Minuten ohne Wartezeit

Erdbeer-Sahne-Schnitten

ZUTATEN

Für den Rührteig:
120 g Butter, 150 g Zucker
1 Päckchen Vanillezucker
3 Eier, 125 g Mehl
125 g Speisestärke
2 TL Backpulver
Butter zum Ausfetten
Semmelbrösel zum Bestreuen

Außerdem:
100 g Erdbeermarmelade
500 g Erdbeeren
400 ml Sahne
2 TL San-apart, 50 g Krokant

Menge:
Für 14–16 Stücke:

Schwierigkeit:
leicht

Zubereitungszeit:
60 Minuten
ohne Wartezeit

ZUBEREITUNG

1. Die Teigzutaten in einer Schüssel verrühren. Den Teig auf ein gefettetes, mit Semmelbröseln bestreutes Backblech streichen und in dem auf 180 °C vorgeheizten Backofen ca. 35 Minuten backen.

2. Den Kuchen aus dem Ofen nehmen und auf einem Kuchengitter erkalten lassen.

3. Den Kuchen mit der Marmelade bestreichen und die verlesenen, gewaschenen und gut abgetropften Erdbeeren in Streifen darauflegen.

4. Die Sahne mit dem San-apart steif schlagen, in einen Spritzbeutel füllen und zwischen die Erdbeerstreifen spritzen. Die Erdbeer-Sahne-Schnitten mit Krokant bestreuen, durchkühlen lassen und servieren.

Feiner Mandarinenkuchen

(ohne Abbildung)

ZUTATEN

250 g Butter, 250 g Zucker
5 Eier, 500 g Mehl
1 Päckchen Backpulver
Butter zum Ausfetten
je 1 Dose Ananasscheiben und Mandarinenfilets
400 ml Sahne
2 Päckchen Sahnesteif
250 g Quark
Zucker nach Geschmack
1 Päckchen Tortenguss klar
2 EL Zucker, 250 ml Fruchtsaft

Menge:
Für 14–16 Stücke:

Schwierigkeit:
leicht

Zubereitungszeit:
75 Minuten
ohne Wartezeit

ZUBEREITUNG

1. Die Teigzutaten zu einem Rührteig verarbeiten. Den Teig auf ein gefettetes und mit Mehl bestäubtes Backblech streichen, in dem auf 180–200 °C vorgeheizten Backofen 40–50 Minuten backen, herausnehmen und erkalten lassen.

2. Ananas und Mandarinen abtropfen lassen, den Saft dabei auffangen. Die Sahne mit Sahnesteif steif schlagen und unter den Quark heben.

3. Mit Zucker nach Geschmack süßen und auf den erkalteten Boden streichen. Die Ananasscheiben und die Mandarinenfilets dekorativ auf die Quarkmasse legen.

4. Aus Tortengusspulver, Zucker und Fruchtsaft einen Tortenguss zubereiten und den Kuchen damit überziehen. Den Kuchen bis zum Verzehr in den Kühlschrank stellen.

Aprikosen-Rum-Kuchen

ZUTATEN

Für den Rührteig:
250 g Butter
250 g Zucker
5 Eier
abgeriebene Schale von ½ Zitrone
500 g Mehl
½ Päckchen Backpulver
200 ml Milch
2 cl Rum
1 TL Kakaopulver
Butter zum Ausfetten
geriebene Mandeln zum Ausstreuen

Außerdem:
1 große Dose Aprikosenhälften
30 g Mandelblättchen
500 g frische Aprikosen
100 g Aprikosenmarmelade
Puderzucker zum Bestäuben
Pfefferminzblättchen zum Garnieren

Variation:
Anstatt der Aprikosen können Sie für diese Torte auch gut Nektarinen oder Pfirsiche verwenden.

ZUBEREITUNG

1. Die Butter und den Zucker in eine Schüssel geben und mit den Rührbesen des Handrührgerätes schaumig schlagen.

2. Die Eier einzeln nach und nach einrühren und die Zitronenschale dazugeben.

3. Das gesiebte Mehl mit dem Backpulver vermischen. Die Milch mit dem Rum verrühren und beides abwechselnd unter die Teigmasse rühren.

4. 5 EL Teig abnehmen, mit dem Kakaopulver verrühren und in einen Spritzbeutel mit Lochtülle füllen.

5. Den Teig in eine ausgefettete und mit geriebenen Mandeln ausgestreute Springform (26 cm Ø) füllen.

6. Die Aprikosen gut abtropfen lassen und gleichmäßig auf den Teig legen.

7. In die Zwischenräume die Kakaomasse spritzen und das Ganze mit den Mandelblättchen bestreuen.

8. Den Kuchen im auf 200 °C vorgeheizten Backofen 50–55 Minuten backen.

9. Den fertig gebackenen Kuchen aus dem Backofen nehmen und in der Form leicht erkalten lassen. Danach aus der Form nehmen, auf ein Kuchengitter setzen und vollständig auskühlen lassen.

10. Die Aprikosen waschen, halbieren, entkernen und in Schnitze schneiden. Die Aprikosenmarmelade erhitzen und durch ein feines Sieb streichen.

11. Den Kuchen mit der Aprikosenmarmelade bestreichen und mit den Aprikosenschnitzen belegen. Mit Puderzucker bestäuben, auf eine Tortenplatte setzen, mit Pfefferminzblättchen garnieren und bis zum Verzehr kühl stellen.

Menge:
Für 12–14 Stücke:

Schwierigkeit:
leicht

Zubereitungszeit:
75 Minuten ohne Wartezeit

Frankfurter Kranz

ZUTATEN

Für den Rührteig:
4 Eigelb
150 g Zucker
1 TL geriebene Zitronenschale
4 Eiweiß
25 g Zucker
100 g Mehl
50 g Speisestärke
1 gestrichener TL Backpulver
Butter zum Ausfetten
Semmelbrösel zum Ausstreuen

Außerdem:
100 g Himbeermarmelade
500 ml Milch
2 EL Zucker
1 Päckchen Puddingpulver Vanillegeschmack
250 g Butter
50 g Puderzucker
200 g Haselnusskrokant
12 rote Belegkirschen

Tipp:
Der Frankfurter Kranz lässt sich sehr gut auch mit Erdbeeren, Heidelbeeren oder Johannisbeeren füllen.

Menge:
Für 12–14 Stücke:

Schwierigkeit:
leicht

Zubereitungszeit:
60 Minuten
ohne Wartezeit

ZUBEREITUNG

1. Die Eigelbe mit dem Zucker und der Zitronenschale in eine Schüssel geben und schaumig schlagen.

2. Die Eiweiße zu steifem Schnee schlagen, den Zucker unter ständigem Schlagen einrieseln lassen und weiterschlagen, bis sich der Zucker vollständig aufgelöst hat.

3. Den Eischnee unter die Eimasse heben. Das Mehl mit der Speisestärke und dem Backpulver vermischen, auf die Eimasse sieben und ebenfalls unterheben.

4. Eine Kranzform ausfetten und mit Semmelbröseln ausstreuen. Die Teigmasse einfüllen, glatt streichen und im auf 180 °C vorgeheizten Backofen 40 Minuten backen.

5. Den fertig gebackenen Kuchen aus dem Ofen nehmen, erkalten lassen, aus der Form stürzen und zweimal waagerecht durchschneiden. Den unteren und den mittleren Kuchenboden mit der Himbeermarmelade bestreichen.

6. Aus der Milch, dem Zucker und dem Puddingpulver nach Packungsanweisung einen Pudding zubereiten, vom Herd nehmen und unter ständigem Rühren erkalten lassen.

7. Die Butter mit dem Puderzucker in eine Schüssel geben und schaumig schlagen. Den Pudding esslöffelweise unter die Butter rühren.

8. Den unteren und den mittleren Kuchenboden mit der Hälfte der Creme bestreichen und alle drei Kuchenböden zusammensetzen.

9. Die restliche Creme halbieren und den Kranz mit einer Hälfte vollständig bestreichen.

10. Die restliche Creme in einen Spritzbeutel mit Sterntülle füllen. Den Kranz mit dem Haselnusskrokant bestreuen, die Buttercreme auf den Kranz dressieren, die Belegkirschen darauflegen und den Frankfurter Kranz bis zum Verzehr kühl stellen.

Schokoladenkekskuchen

ZUTATEN

Für den Rührteig:
250 g Butter, 225 g Zucker
2 Päckchen Vanillezucker
6 Eier, 500 g Mehl
1 Päckchen Backpulver
100 ml Milch
100 g Schokoladenkekse
Butter zum Ausfetten
Semmelbrösel zum Ausstreuen

Außerdem:
Puderzucker zum Bestäuben

Menge:
Für 10–12 Stücke:

Schwierigkeit:
leicht

Zubereitungszeit:
70 Minuten
ohne Wartezeit

ZUBEREITUNG

1. Die Butter mit dem Zucker und dem Vanillezucker in eine Schüssel geben und schaumig schlagen. Die Eier einzeln nach und nach kräftig darunterschlagen.

2. Das Mehl mit dem Backpulver vermischen, auf die Eimasse sieben und unterrühren.

3. Die Milch unterrühren und zum Schluss die fein geriebenen Schokoladenkekse unterheben.

4. Eine Gugelhupfform ausfetten und mit Semmelbröseln ausstreuen. Die Masse einfüllen, glatt streichen und im auf 180 °C vorgeheizten Backofen 50 Minuten backen.

5. Den fertig gebackenen Kuchen aus dem Ofen nehmen und in der Form erkalten lassen. Anschließend aus der Form nehmen, auf eine Tortenplatte setzen, mit Puderzucker bestäuben und bis zum Verzehr kühl stellen.

Schokoladenkuchen

(ohne Abbildung)

ZUTATEN

300 g Zartbitterschokolade
75 g Butter, 7 Eiweiß
1 Prise Salz, 7 Eigelb
300 g Zucker
1 Päckchen Vanillezucker
50 g Mehl
25 g Speisestärke
Butter zum Ausfetten
200 g dunkle Kuvertüre
100 g weiße Kuvertüre
geraspelte Vollmilchschokolade zum Bestreuen

Menge:
Für 12–14 Stücke:

Schwierigkeit:
leicht

Zubereitungszeit:
60 Minuten
ohne Wartezeit

ZUBEREITUNG

1. Die Schokolade im heißen Wasserbad schmelzen. Die Butter in einem Topf zerlaufen lassen.

2. Die Eiweiße mit etwas Salz steif schlagen. Die Eigelbe mit dem Zucker und dem Vanillezucker weißschaumig schlagen. Die flüssige Schokolade, die flüssige Butter, das gesiebte Mehl und die Speisestärke einrühren.

3. Eine Springform (26 cm Ø) ausfetten, den Teig einfüllen und in dem auf 180 °C vorgeheizten Backofen 30–35 Minuten backen.

4. Den fertig gebackenen Kuchen herausnehmen und in der Form erkalten lassen.

5. Den Kuchen aus der Form lösen und auf ein Kuchengitter setzen.

6. Die dunkle Kuvertüre im heißen Wasserbad schmelzen, den Kuchen damit überziehen und vollständig trocknen lassen.

7. Die weiße Kuvertüre in dicke Späne hobeln und auf den Kuchen streuen. Zum Schluss die geraspelte Vollmilchschokolade darüberstreuen, den Kuchen in Stücke schneiden und servieren.

Feiner Teekuchen

ZUTATEN

2 Eigelb, 1 Eiweiß
100 g Zucker
1 Päckchen Vanillezucker
1 Päckchen Zitronenaroma
1 Prise Salz
120 g Mehl
1 gehäufter TL Backpulver
2 EL Milch
2 Eiweiß
Butter zum Ausfetten
Semmelbrösel zum Ausstreuen
Zuckerspritzglasur zum Garnieren

Menge:
Für 10–12 Stücke:

Schwierigkeit:
leicht

Zubereitungszeit:
60 Minuten
ohne Wartezeit

ZUBEREITUNG

1. Die Eigelbe mit dem Eiweiß, dem Zucker, dem Vanillezucker, dem Zitronenaroma und dem Salz in eine Schüssel geben und mit den Rührbesen des Handrührgerätes auf höchster Stufe 15 Minuten luftig aufschlagen.

2. Das Mehl und das Backpulver vermischen, auf die Masse sieben und mit der Milch unterrühren.

3. Die restlichen Eiweiße zu steifem Schnee schlagen und vorsichtig unter den Teig heben.

4. Den Teig in eine ausgefettete und mit Semmelbröseln ausgestreute Kranzform (20 cm Ø) füllen und im auf 200 °C vorgeheizten Backofen 40 Minuten backen.

5. Den Kuchen aus dem Ofen nehmen, in der Form erkalten lassen und auf eine Tortenplatte stürzen. Mit der Zuckerspritzglasur garnieren, vollständig abtrocknen lassen und bis zum Verzehr kühl stellen.

Rhabarberkuchen mit Guss

(ohne Abbildung)

ZUTATEN

Für den Rührteig:
200 g Butter, 200 g Zucker
1 Päckchen Vanillearoma
3 Eier, 200 g Mehl
1 Päckchen Backpulver
50 g Schokoladenraspel
Butter zum Ausfetten
Semmelbrösel zum Ausstreuen

Außerdem:
500 g Rhabarber
100 g Zucker
200 ml Eierlikör
5 Blatt Gelatine
400 ml süße Sahne
100 g Honig
75 g geröstete Mandelblättchen
1 TL Kakaopulver zum Bestäuben

ZUBEREITUNG

1. Die Butter mit dem Zucker und dem Vanillearoma in einer Schüssel schaumig schlagen.

2. Die Eier einzeln nach und nach unterrühren. Das Mehl sieben, mit dem Backpulver und den Schokoraspeln vermischen und unterrühren.

3. Den Teig in eine ausgefettete, mit Semmelbröseln ausgestreute Form füllen. Den Rhabarber putzen, waschen, schälen, in Stücke schneiden, auf dem Teig verteilen und mit dem Zucker bestreuen.

4. Den Kuchen im auf 180–200 °C vorgeheizten Backofen 45 Minuten backen, herausnehmen und in der Form erkalten lassen. Den Eierlikör in einem Topf erwärmen, die gut gewässerte, ausgedrückte Gelatine darin auflösen, vom Herd nehmen und auskühlen lassen.

5. Die Sahne steif schlagen, unter den Eierlikör heben und das Ganze auf dem Boden verteilen. Den Kuchen einige Stunden im Kühlschrank vollständig durchkühlen lassen und dann aus der Form lösen.

6. Den Honig in einem Töpfchen erhitzen, den Kuchenrand damit bestreichen und mit den gerösteten Mandelblättchen bestreuen.

7. Aus Papier Herzen ausschneiden, auf den Kuchen legen und diesen mit dem Kakaopulver bestäuben. Danach die Papierherzen abnehmen und den Kuchen bis zum Verzehr kühl stellen.

Menge:
Für 12–14 Stücke:

Schwierigkeit:
leicht

Zubereitungszeit:
75 Minuten
ohne Wartezeit

Erdbeer-Marzipan-Kuchen

ZUTATEN

1 Lage Wiener Boden, hell (26 cm Ø, Fertigprodukt)
225 g Marzipanrohmasse
50 g Aprikosenmarmelade
4 cl Mandellikör
750 g Erdbeeren
1 Päckchen Tortenguss rot
75 g Mandelblättchen
1 EL Puderzucker
gelbe Lebensmittelfarbe

Menge:
Für 10–12 Stücke:

Schwierigkeit:
leicht

Zubereitungszeit:
30 Minuten
ohne Wartezeit

ZUBEREITUNG

1. 125 g der Mazipanrohmasse mit der Aprikosenmarmelade und dem Mandellikör gut verkneten. Die Erdbeeren verlesen, waschen, halbieren und bereitstellen.

2. Zwei Drittel der Marzipanmasse auf dem Tortenboden verteilen, glatt streichen und die Erdbeeren darauflegen. Den Tortenguss nach Packungsanweisung zubereiten und auf die Erdbeeren geben.

3. Die restliche Marzipanmasse an den Kuchenrand streichen und diesen mit gerösteten Mandelblättchen bestreuen.

4. Die restliche Marzipanrohmasse mit dem gesiebten Puderzucker verkneten und auf einer Arbeitsfläche ausrollen. Blümchen ausstechen, mit der gelben Speisefarbe bemalen und an den Kuchenrand setzen. Den Kuchen bis zum Verzehr kühl stellen.

Rhabarberkuchen

(ohne Abbildung)

ZUTATEN

750 g Rhabarber
100 g Joghurtbutter
50 g Zucker
1 Päckchen Vanillezucker
1 Prise Salz
abgeriebene Schale von ½ Zitrone
2 EL Rum, 3 Eier
150 g Buttermilchfrischkäse
300 g Mehl
1 Päckchen Backpulver
Butter zum Ausfetten
125 g Zucker
50 g Mandelstifte
2–3 EL Aprikosenmarmelade

Menge:
Für 12–14 Stücke:

Schwierigkeit:
leicht

Zubereitungszeit:
80 Minuten
ohne Wartezeit

ZUBEREITUNG

1. Den Rhabarber putzen und in 1 cm große Stücke schneiden. Butter, Zucker, Vanillezucker, Salz, abgeriebene Zitronenschale und Rum schaumig rühren.

2. Die Eier einzeln darunterrühren und nach und nach den Frischkäse dazugeben.

3. Das Mehl mit Backpulver vermischen, darübersieben und unterrühren. Den Teig in eine ausgefettete Springform (28 cm Ø) füllen und mit dem Rhabarber belegen.

4. Zucker und Mandelstifte darüberstreuen und den Kuchen im auf 180–200 °C vorgeheizten Backofen 50–60 Minuten backen.

5. Den Kuchen auf ein Kuchengitter setzen und sofort mit der erhitzten Aprikosenmarmelade bestreichen. Erkalten lassen, in Stücke schneiden und servieren.

Mokkakranz mit Rum

ZUTATEN

Für den Rührteig:
250 g Butter oder Margarine
80 g Zucker
abgeriebene Schale von 1 Zitrone
1 Prise Salz
4 Eigelb
120 g Mehl
120 g Speisestärke
2 TL Backpulver
3 EL Zitronensaft
4 Eiweiß
1 Prise Salz
80 g Zucker
Butter zum Ausfetten

Für die Füllung:
1 Päckchen Puddingpulver Mokkageschmack
1 Eigelb
400 ml Milch
100 ml starker Kaffee
50 ml Rum
75 g Zucker
1 Päckchen Vanillezucker
250 g Butter
50 g Puderzucker

Für den Guss:
200 g Puderzucker
1 Eiweiß
1–2 EL Mokka oder Espresso
Mokkabohnen zum Garnieren

Menge:
Für 12–14 Stücke:

Schwierigkeit:
mittel

Zubereitungszeit:
75 Minuten
ohne Wartezeit

ZUBEREITUNG

1. Die Butter oder Margarine mit dem Zucker, der Zitronenschale und dem Salz schaumig schlagen. Die Eigelbe einzeln nach und nach kräftig unterrühren.

2. Das Mehl mit der Speisestärke und dem Backpulver vermischen, auf die Masse sieben und mit dem Zitronensaft einrühren. Die Eiweiße mit dem Salz und dem Zucker steif schlagen und unterheben.

3. Eine Kranzform ausfetten, den Teig einfüllen und im auf 180 °C vorgeheizten Backofen 40–45 Minuten backen. Herausnehmen, 10 Minuten in der Form ruhen lassen, anschließend auf ein Kuchengitter stürzen und erkalten lassen.

4. Das Mokkapuddingpulver mit dem Eigelb und etwas Milch glatt rühren. Die restliche Milch mit dem Kaffee, dem Rum, dem Zucker und dem Vanillezucker erhitzen.

5. Das Puddingpulver einrühren, einmal aufkochen lassen, vom Herd nehmen und unter gelegentlichem Umrühren erkalten lassen. Die Butter mit dem Puderzucker schaumig rühren und den Pudding esslöffelweise darunterziehen.

6. Den Kranz zwei- bis dreimal waagerecht durchschneiden. Die unteren Teiglagen mit der Mokkacreme bestreichen und den Kranz zusammensetzen.

7. Für den Guss den gesiebten Puderzucker mit dem Eiweiß und dem Mokka oder Espresso glatt rühren. Den Kranz damit überziehen, abtrocknen lassen, mit den Mokkabohnen garnieren und bis zum Verzehr kühl stellen.

Serviertipp:

Um die kunstvoll zubereitete Torte auch angemessen servieren zu können, sollten Sie eine Tortenplatte verwenden. Nach dem Servieren auf dem Tisch kommt immer der kritischste Moment: das Aufschneiden. Es ist ärgerlich, wenn beim Versuch, die Torte zu schneiden, die Nüsse, die Schokolade oder die Früchte mit der Tortenmasse nach unten zusammengedrückt werden und man seinen Gästen ein Durcheinander aus Boden, Füllung und Belag auf dem Teller reicht. Um dies zu vermeiden, sollten Sie ein sehr scharfes Messer verwenden und sorgfältig schneiden. Am besten ist es, das Messer nach jedem geschnittenen Stück in warmem Wasser zu reinigen, denn so sehen die einzelnen Stücke erstklassig aus. Mit einem Tortenheber können Sie nun stilgerecht Ihren Gästen ein Stück auf den Teller reichen.

Pflaumenmuskuchen

ZUTATEN

Für den Rührteig:
200 g Butter
225 g brauner Zucker
1 Päckchen Vanillezucker
6 Eier, 400 g Mehl
4 TL Backpulver
Butter zum Ausfetten
Semmelbrösel zum Ausstreuen

Außerdem:
200 g Pflaumenmus
2 Pflaumen zum Garnieren
Puderzucker zum Bestäuben

Menge:
Für 14–16 Stücke:

Schwierigkeit:
leicht

Zubereitungszeit:
70 Minuten
ohne Wartezeit

ZUBEREITUNG

1. Die Butter mit dem Zucker und dem Vanillezucker in einer Schüssel schaumig schlagen, nach und nach die Eier unterschlagen. Das Mehl mit dem Backpulver vermischen, auf die Eicreme sieben und unterheben.

2. Eine Kranzform gut ausfetten und mit Semmelbröseln ausstreuen. Die Hälfte vom Teig in die Form füllen und das Pflaumenmus darauf verteilen. Mit dem restlichen Teig abdecken und mit einer Gabel ein Marmormuster einziehen.

3. Das Ganze im auf 180–200 °C vorgeheizten Backofen 50 Minuten backen.

4. Den fertigen Kuchen aus dem Ofen nehmen, auf eine Kuchenplatte setzen und erkalten lassen.

5. Die Pflaumen waschen, halbieren, entkernen und in Spalten schneiden.

6. Den Kuchen mit Puderzucker bestäuben, mit den Pflaumenspalten garnieren und bis zum Verzehr kühl stellen.

Pfirsichtörtchen

(ohne Abbildung)

ZUTATEN

8 fertige Biskuit- oder Mürbeteigtörtchen
1 Dose Pfirsiche
2 EL Pfirsich-Maracuja-Marmelade
50 g gehackte Mandeln
1 Päckchen Tortenguss klar
2 EL Zucker
250 ml Wasser oder Fruchtsaft
1 EL gehackte Pistazien

Menge:
Für 8 Stück:

Schwierigkeit:
leicht

Zubereitungszeit:
15 Minuten
ohne Wartezeit

ZUBEREITUNG

1. Die Biskuit- oder Mürbeteigtörtchen auf eine Tortenplatte legen. Die Pfirsiche in Spalten schneiden und auf die Törtchen legen.

2. Die Ränder der Törtchen mit der glatt gerührten Pfirsich-Maracuja-Marmelade bestreichen und einen Teil der gehackten Mandeln an den Rand drücken.

3. Aus dem Tortengusspulver, dem Zucker und dem Wasser oder Fruchtsaft einen Tortenguss zubereiten und die Pfirsiche damit überziehen.

4. Die Törtchen mit den restlichen gehackten Mandeln und Pistazien darüberstreuen und den Guss fest werden lassen. Die Törtchen dekorativ anrichten und servieren.

Muh-Muh-Kuchen

ZUTATEN

Für den Rührteig:
1 Packung Marmorkuchen (Fertigteigmischung – bitte die Zutaten-liste der Backmischung beachten)
Butter zum Ausfetten

Für die Cremefüllung:
500 ml Milch
200 g Sahnetoffees (z. B. Sahne-Muh-Muhs)
1 Packung Vanillepuddingpulver
200 g Butter

Außerdem:
100 g Aprikosenmarmelade
Sahnetoffeestückchen und Rosmarinzweige zum Garnieren

ZUBEREITUNG

1. Die Marmorkuchenmischung nach Packungsanweisung zubereiten. Den hellen Teig auf ein ausgefettetes Backblech streichen.

2. Den dunklen Teig esslöffelweise auf dem hellen Teig verteilen und in dem auf 180 °C vorgeheizten Backofen 20–25 Minuten backen. Herausnehmen und erkalten lassen.

3. Die Milch mit den Sahnetoffees in einem Topf bei mäßiger Hitze solange rühren, bis sich die Sahnetoffees vollständig aufgelöst haben.

4. Das Puddingpulver mit etwas kalter Milch anrühren, in die restliche erhitzte Milch rühren und aufkochen lassen. Den Pudding vom Herd nehmen und erkalten lassen, dabei gelegentlich umrühren.

5. Die Butter in einer Schüssel schaumig schlagen. Esslöffelweise den Pudding untermischen.

6. Den Kuchen einmal in der Mitte halbieren. In einen eckigen Tortenrand (20 x 30 cm) legen.

7. Die Buttercreme darauf verteilen, mit dem zweiten Boden abdecken und im Kühlschrank fest werden lassen.

8. Den Muh-Muh-Kuchen in Stücke schneiden, mit der Aprikosenmarmelade bestreichen, mit Sahnetoffeestückchen belegen, mit Rosmarinzweigen garnieren und bis zum Verzehr kühl aufbewahren.

Tipp:
Beim Backen wird vor allem süße Sahne verarbeitet. Zum Schlagen muss die Sahne stets frisch und gut gekühlt sein und einen Mindestfettgehalt von 30 % haben. Am besten, Sie kühlen auch das Gefäß, in dem Sie die Sahne schlagen wollen.

Menge:
Für 12–14 Stücke:

Schwierigkeit:
leicht

Zubereitungszeit:
45 Minuten
ohne Wartezeit

Rosmarin:
Gerade in der jungen Backstube werden die Kräuter gerne zum Garnieren verwendet. Der Rosmarin nimmt hier, dank seiner dekorativen Zweige und Nadeln und seines starken Geruchs einen Platz in den vorderen Rängen ein.

Birnen-Quark-Törtchen

ZUTATEN

Für den Rührteig:
120 g Butter oder Margarine
120 g Zucker, 2 Eier
abgeriebene Schale und Saft von
½ Zitrone
50 g Magerquark
200 g Mehl
40 g Speisestärke
2 TL Backpulver
Butter zum Ausfetten

Für die Quarksahne:
250 g Magerquark
2–3 EL Kastanienhonig
1 Päckchen Zitronenaroma
3–4 Blatt weiße Gelatine
200 ml Sahne

Außerdem:
3 Birnen
Zuckerwasser zum Dünsten
einige Tropfen Zitronensaft
3–4 EL Kastanienhonig
Haselnusskrokant und gehackte Pistazien zum Bestreuen

ZUBEREITUNG

1. Die Butter oder Margarine mit dem Zucker schaumig rühren und die Eier einzeln nach und nach darunterschlagen.

2. Die Zitronenschale und den Zitronensaft sowie den Magerquark einrühren.

3. Das Mehl mit der Speisestärke und dem Backpulver vermischen, darübersieben und unterrühren.

4. Den Teig in sechs ausgefettete Tortelettförmchen (12 cm Ø) füllen, glatt streichen und in dem auf 180–200 °C vorgeheizten Backofen ca. 20 Minuten backen.

5. Die fertig gebackenen Törtchen aus dem Backofen nehmen und abkühlen lassen.

6. Den Magerquark mit dem Honig und dem Zitronenaroma glatt rühren.

7. Die Gelatine in kaltem Wasser einweichen, ausdrücken, im heißen Wasserbad auflösen und tropfenweise in den Quark einrühren.

8. Wenn die Masse zu gelieren beginnt, die Sahne steif schlagen und unterheben. In einen Spritzbeutel mit Sterntülle füllen und dekorativ auf die Törtchen spritzen.

9. Die Birnen schälen, vierteln und entkernen. Im Zuckerwasser mit dem Zitronensaft dünsten, erkalten lassen, in dünne Spalten schneiden und auf die Törtchen legen.

10. Den Honig erwärmen, bis er flüssig ist, und über die Törtchen träufeln. Den Haselnusskrokant und die Pistazien darüberstreuen, die Birnen-Quark-Törtchen dekorativ anrichten und servieren.

Variation:
Anstatt der Birnen können Sie auch sehr gut Äpfel, Nektarinen oder Pfirsiche verwenden.

Menge:
Für 6 Stück:

Schwierigkeit:
leicht

Zubereitungszeit:
50 Minuten
ohne Wartezeit

Großmutters Marmor-Gugelhupf

ZUTATEN

Für den Rührteig:
175 g Butter
175 g Zucker
1 Päckchen Vanillezucker
3 Eier
350 g Mehl
3 TL Backpulver
Butter zum Ausfetten
1 EL Kakao

Außerdem:
Puderzucker zum Bestäuben

Tipp:
Backpulver ist ein künstliches Triebmittel aus Weinstein, Natron und Stärke als Trennmittel. Kommt Backpulver mit Flüssigkeit in Berührung, können Weinstein und Natron miteinander reagieren, es entsteht Kohlendioxid als Treibgas. Deshalb ist es unbedingt erforderlich, Backpulver trocken zu lagern. Ein Päckchen Backpulver reicht für 500 g Mehl. Es wird immer mit dem Mehl vermischt und kommt so zu den restlichen Zutaten.

ZUBEREITUNG

1. Die Butter mit dem Zucker und dem Vanillezucker in eine Schüssel geben und schaumig schlagen.

2. Die Eier einzeln nach und nach dazugeben und kräftig unterrühren.

3. Das gesiebte Mehl mit dem Backpulver vermischen und unter die Eicreme rühren.

4. Zwei Drittel des Teiges in eine ausgefettete Gugelhupfform füllen.

5. Den gesiebten Kakao unter den restlichen Teig mischen und den dunklen auf den hellen Teig geben. Den dunklen Teig mit einer Gabel spiralförmig unter den hellen Teig ziehen.

6. Den Teig glatt streichen und im auf 180 °C vorgeheizten Backofen 45–50 Minuten backen.

7. Nach Ende der Backzeit den Marmor-Gugelhupf aus dem Backofen nehmen und erkalten lassen.

8. Den Marmor-Gugelhupf mit Puderzucker bestäuben, auf eine Kuchenplatte setzen, in Stücke schneiden und servieren.

Menge:
Für 10–12 Stücke:

Schwierigkeit:
mittel

Zubereitungszeit:
70 Minuten
ohne Wartezeit

Tipp:
Backpinsel benötigen wir zum Einfetten von Backformen und -blechen, zum Bestreichen des Teiges mit Wasser, Milch oder Eigelb, zum Glasieren und zum „Abstauben" von Mehl oder Puderzucker. Auch hier lohnt es sich, auf Qualität zu achten, billige Pinsel verlieren oft schon beim 1. oder 2. Gebrauch die Borsten. Wählen Sie Pinsel mit Naturborsten und hitzebeständigen Griffen, dann können Sie sie nach Gebrauch in der Spülmaschine reinigen. Seit einiger Zeit sind auch Pinsel im Handel, deren Borstenkopf mit wenigen Handgriffen ausgewechselt werden kann.

Königskuchen mit Zitronenguss

ZUTATEN

Für den Rührteig:
400 g weiche Butter
100 g Zucker
1 Päckchen Zitronenaroma
500 g Mehl
8 Eigelb
8 Eiweiß
200 g Zucker
200 g Rosinen
100 g Zitronat
Butter zum Ausfetten
Semmelbrösel zum Ausstreuen

Außerdem:
100 g Puderzucker
Zitronensaft nach Bedarf
Mandelstifte zum Bestreuen

ZUBEREITUNG

1. Die weiche Butter mit dem Zucker und dem Zitronenaroma in eine Schüssel geben und mit den Schneebesen eines Handrührgerätes schaumig schlagen.

2. Das Mehl auf die Buttermasse sieben und unterrühren.

3. Die Eigelbe kräftig unter die Butter-Mehl-Masse rühren.

4. Die Eiweiße mit dem Zucker steif schlagen und unterheben. Die Rosinen und das Zitronat unterheben.

5. Den Teig in eine ausgefettete und mit Semmelbröseln ausgestreute Napfkuchenform füllen, glatt streichen, in dem auf 180 °C vorgeheizten Backofen 50–60 Minuten backen, herausnehmen und erkalten lassen.

6. Den gesiebten Puderzucker mit Zitronensaft zu einem dickflüssigen Guss verrühren und den Königskuchen damit überziehen.

7. Mit Mandelstiften bestreuen und den Guss vollständig trocknen lassen.

8. Den Königskuchen auf eine Kuchenplatte setzen, in Stücke schneiden und servieren.

Variation:
Jeder Rührteig lässt sich mit Backaromen aromatisieren und verfeinern.

Aromen:
Backaromen sind Auszüge aus verschiedenen Grundsubstanzen oder künstlich hergestellte Stoffe zum Aromatisieren von Teigen und Cremes. Sie sind in kleinen Glasfläschchen erhältlich und werden nur sehr sparsam dosiert. Mit Zitronen-, Bittermandel-, Rum-, Arrak-, Vanille- oder Butteraroma können immer wieder andere Geschmacksrichtungen erreicht werden. Geschmacklich intensiver sind allerdings natürliche Aromen wie Zitronenschale, Orangenschale oder Vanille.

Menge:
Für 10–12 Stücke:

Schwierigkeit:
mittel

Zubereitungszeit:
80 Minuten
ohne Wartezeit

Leichter Teekuchen

ZUTATEN

Für den Rührteig:
100 g weiche Butter
175 g Zucker
4 Eigelb
5 Tropfen Bittermandelöl
abgeriebene Schale von ½ unbehandelten Orange
1 Prise Ingwerpulver
½ TL Vanillepulver
250 g geschälte, sehr fein gemahlene Mandeln
65 g Weizenvollkornmehl
1 ½ TL Backpulver
4 Eiweiß
einige Tropfen Zitronensaft
Butter zum Ausfetten

Außerdem:
Puderzucker zum Bestäuben

ZUBEREITUNG

1. Die Butter mit dem Zucker in eine Schüssel geben und schaumig schlagen. Die Eigelbe einzeln nach und nach kräftig unterrühren.

2. Das Bittermandelöl, die Orangenschale, das Ingwerpulver und das Vanillepulver untermischen.

3. Die gemahlenen Mandeln mit dem Weizenvollkornmehl und dem Backpulver vermischen, zur Eicreme geben und unterrühren.

4. Die Eiweiße mit dem Zitronensaft steif schlagen und unter den Teig heben.

5. Den Teig in eine ausgefettete Kastenform füllen, glatt streichen und im auf 180 °C vorgeheizten Backofen 45 Minuten backen.

6. Mit einem längeren Holzstäbchen in den Kuchen stechen und prüfen, ob der Kuchen fertig ist. Eventuell noch 10 Minuten backen, dabei mit Alufolie abdecken, damit der Kuchen nicht zu dunkel wird.

7. Nach Ende der Backzeit den Teekuchen aus dem Ofen nehmen, auf ein Kuchengitter stürzen und erkalten lassen. Mit Puderzucker bestäuben, in Stücke schneiden, dekorativ anrichten und servieren.

Tipp:
Aus beschichteten Formen lösen sich die Kuchen besonders leicht, und die Formen sind einfach zu reinigen. Entscheidend für das Backergebnis ist aber nicht die Beschichtung, sondern die Beschaffenheit der Außenfläche.

Menge:
Für 10–12 Stücke:

Schwierigkeit:
leicht

Zubereitungszeit:
60 Minuten
ohne Wartezeit

Backformen:
Weißblechformen reflektieren die Hitze und bräunen nicht sehr stark. Sie eignen sich am besten zum Backen im Gasherd.

Schwarzblechformen bräunen schnell und gut, weil sie die Hitze aufnehmen und gleichmäßig an den Kuchen weiterleiten.

Metallformen müssen vor dem ersten Backen grundsätzlich ausgebrannt werden. Dazu die Form(en) auswaschen, abtrocknen, sorgfältig mit Öl auspinseln und leer im auf 220 °C vorgeheizten Backofen 30 Minuten lang „einbacken".

Aluminiumformen gibt es „veredelt" oder als Einwegformen im Handel. Die Einwegformen eignen sich sehr gut zum Backen auf Vorrat, man kann in ihnen den Kuchen einfrieren und auch wieder aufbacken.

Kupferformen sind nicht nur dekorativ, sondern liefern auch sehr gute Backergebnisse. Leider müssen sie geputzt und poliert werden und sind relativ teuer.

Versunkener Birnenkuchen

ZUTATEN

1 Dose Birnenhälften (460 g Abtropfgewicht)

Für den Rührteig:
150 g Butter
175 g Zucker
1 Päckchen Zitronenaroma
4 Eier
275 g Mehl
1 altbackenes Brötchen
3 gestrichene TL Backpulver
Butter zum Ausfetten
Semmelbrösel zum Ausstreuen

Außerdem:
Puderzucker zum Bestäuben

ZUBEREITUNG

1. Die Birnenhälften über einem Sieb gut abtropfen lassen und den Saft dabei auffangen. 50 ml Birnensaft abmessen.

2. Die Butter mit dem Zucker und dem Zitronenaroma in eine Schüssel geben und schaumig schlagen.

3. Die Eier einzeln nach und nach kräftig darunterschlagen.

4. Das gesiebte Mehl mit dem fein geriebenen Brötchen und dem Backpulver vermischen, auf die Eimasse geben und unterheben.

5. Zum Schluss den Birnensaft dazugeben und vorsichtig unterrühren.

6. Eine Springform (26 cm Ø) ausfetten, mit Semmelbröseln ausstreuen, die Masse einfüllen und glatt streichen.

7. Die Birnenhälften mit den Schnittflächen nach unten in den Teig setzen und den Kuchen in dem auf 180 °C vorgeheizten Backofen 40 Minuten backen.

8. Den fertig gebackenen Kuchen aus dem Backofen nehmen, in der Form erkalten lassen, aus der Form nehmen und auf eine Tortenplatte setzen.

9. Den versunkenen Birnenkuchen mit Puderzucker bestäuben und bis zum Verzehr kühl stellen.

Variation:
Rührlöffel – mit und ohne Loch – sollten in verschiedenen Größen vorhanden sein. Dabei spielt es keine Rolle, ob Sie Holz oder Kunststoff bevorzugen. Der Vorteil bei Kunststoff-Rührlöffeln liegt darin, dass sie leichter zu reinigen sind als die aus Holz.

Menge:
Für 12–14 Stücke:

Schwierigkeit:
mittel

Zubereitungszeit:
60 Minuten
ohne Wartezeit

Pfirsichkuchen mit Mandeln

ZUTATEN

Für den Rührteig:
175 g Butter
175 g Zucker
1 TL geriebene Zitronenschale
4 Eier
300 g Mehl
3 gestrichene TL Backpulver
Butter zum Ausfetten
Semmelbrösel zum Ausstreuen

Außerdem:
1 Dose Pfirsiche (460 g Abtropfgewicht)
150 g Aprikosenmarmelade
200 ml Sahne
1 Päckchen Sahnesteif
1 TL Zucker
100 g gehackte Mandeln

ZUBEREITUNG

1. Die Butter mit dem Zucker und der Zitronenschale schaumig schlagen.

2. Die Eier unter ständigem Rühren einzeln nach und nach unterschlagen. Das Mehl mit dem Backpulver vermischen, auf die Eimasse sieben und unterrühren.

3. Die Masse in eine ausgefettete, mit Semmelbröseln ausgestreute Springform (26 cm Ø) geben und glatt streichen.

4. Die Pfirsiche gut abtropfen lassen, in Spalten schneiden und 360 g auf dem Teig verteilen. Den Kuchen im auf 180 °C vorgeheizten Backofen 45–50 Minuten backen.

5. Den Kuchen aus dem Backofen nehmen, erkalten lassen, aus der Form nehmen und auf eine Kuchenplatte setzen.

6. Die Aprikosenmarmelade in einem Topf erwärmen, vom Herd nehmen, durch ein Sieb streichen und den Kuchen mit zwei Dritteln der Marmelade bestreichen.

7. Die restlichen Pfirsichspalten daraufsetzen und mit der restlichen Marmelade bestreichen.

8. Die Sahne mit dem Sahnesteif steif schlagen und mit Zucker süßen.

9. Die Sahne in einen Spritzbeutel mit Sterntülle füllen und auf den Kuchen dressieren. Den Kuchen rundherum mit den gehackten Mandeln bestreuen und bis zum Verzehr kühl stellen.

Tipp:
In vielen Rezepten verwenden wir abgeriebene Zitronen- oder Orangenschale. Dazu benötigen wir eine sehr feine Reibe (ähnlich der Muskatreibe), die leicht sauber zu halten ist und auf der auch mal Schokolade oder Ähnliches gerieben werden kann.

Menge:
Für 12–14 Stücke:

Schwierigkeit:
mittel

Zubereitungszeit:
75 Minuten
ohne Wartezeit

Bunter Obstkuchen mit Vanillepudding

ZUTATEN

Für den Rührteig:
150 g weiche Butter
1 Päckchen Zitronenaroma
100 g Mehl
50 g Speisestärke
1 gestrichener TL Backpulver
150 g Zucker
3 Eier
Backpapier

Für die Creme:
1 Packung Puddingpulver Vanillegeschmack
2 EL Zucker, 400 ml Milch

Außerdem:
Obst nach Wahl (frisch oder aus der Dose, z. B. Birnen, Ananasscheiben, Pfirsichhälften, Mandarinen, Belegkirschen)
1 Päckchen klarer Tortenguss
250 ml Fruchtsaft
geröstete Kokosraspel oder gehackte Nüsse zum Bestreuen

ZUBEREITUNG

1. Die Butter mit dem Zitronenaroma schaumig schlagen. Das Mehl mit der Speisestärke und dem Backpulver vermischen und unterrühren.

2. Den Zucker mit den Eiern verrühren und unter die Butter-Mehl-Masse rühren.

3. Den Teig in eine mit Backpapier ausgelegte Springform (26 cm Ø) füllen, glatt streichen, in dem auf 200 °C vorgeheizten Backofen 20–25 Minuten backen, herausnehmen und erkalten lassen.

4. Den Tortenboden auf eine Tortenplatte legen und mit einem Tortenring umschließen.

5. Den Vanillepudding mit dem Zucker und der Milch nach Packungsanweisung zubereiten, unter mehrmaligem Umrühren erkalten lassen, auf den Tortenboden geben und glatt streichen.

6. Die frischen oder gut abgetropften Früchte in Scheiben schneiden und den Kuchen damit belegen.

7. Den Tortenguss mit dem Fruchtsaft nach Packungsanweisung zubereiten und den bunten Obstkuchen damit überziehen. Den Guss im Kühlschrank fest werden lassen.

8. Den Tortenring entfernen, den Kuchenrand mit gerösteten Kokosraspeln oder gehackten Nüssen bestreuen, den bunten Obstkuchen dekorativ anrichten und servieren.

Variation:
Anstatt der Dosenfrüchte können Sie auch sehr gut Erdbeeren, Himbeeren oder Johannisbeeren verwenden.

Menge:
Für 12–14 Stücke:

Schwierigkeit:
leicht

Zubereitungszeit:
45 Minuten ohne Wartezeit

Erdbeer-Sahne-Rolle

ZUTATEN

Für den Biskuit:
5 Eier
175 g Zucker
1 Päckchen Zitronenaroma
125 g Mehl
125 g Speisestärke
3 gestrichene TL Backpulver
Backpapier

Für die Füllung:
600 ml Sahne
6 TL San-apart
250 g frische Erdbeeren

Außerdem:
Schokostreusel zum Bestreuen
frische Erdbeeren zum Garnieren

ZUBEREITUNG

1. Die Eier mit dem Zucker und dem Zitronenaroma in einer Schüssel weißschaumig schlagen.

2. Das Mehl mit der Speisestärke und dem Backpulver vermischen, auf den Eischaum sieben und unterheben.

3. Die Biskuitmasse auf ein mit Backpapier ausgelegtes Backblech streichen und im auf 200 °C vorgeheizten Backofen 10–12 Minuten backen.

4. Den Boden aus dem Ofen nehmen und auf ein sauberes Küchentuch stürzen. Das Backpapier mit kaltem Wasser bestreichen und vorsichtig abziehen. Den Teig sofort zu einer Rolle aufrollen und vollständig erkalten lassen.

5. Die Sahne mit dem San-apart in einer Schüssel steif schlagen.

6. Die Erdbeeren verlesen, waschen, trocken tupfen und in Würfel oder Scheiben schneiden.

7. Den Teig auf dem Küchentuch entrollen und mit zwei Dritteln der Sahne bestreichen.

8. Die Erdbeeren gleichmäßig auf der Sahne verteilen. Die Erdbeerrolle mithilfe des Küchentuches zusammenrollen.

9. Etwas Sahne abnehmen und in einen Spritzbeutel mit Sterntülle füllen, die restliche Sahne gleichmäßig auf die Rolle streichen.

10. Die Sahne auf die Erdbeerrolle dressieren, die Rolle mit Schokostreuseln bestreuen, mit frischen Erdbeeren garnieren und bis zum Verzehr kühl stellen.

Variation:
Statt der Erdbeeren können Sie auch sehr gut Himbeeren, Brombeeren oder Johannisbeeren verwenden.

Menge:
Für 10–12 Stücke:

Schwierigkeit:
leicht

Zubereitungszeit:
40 Minuten
ohne Wartezeit

Vierfruchtkuchen

ZUTATEN

Für den Biskuit:
4 Eier
125 g Zucker
1 Päckchen Zitronenaroma
100 g Mehl
100 g Speisestärke
2 gestrichene TL Backpulver
Backpapier

Außerdem:
100 g Orangenmarmelade
30 g Mandelblättchen
1 Cantaloupemelone
1 Honigmelone
1 Mango
3 Sharonfrüchte
1 Päckchen Tortenguss klar

ZUBEREITUNG

1. Die Eier mit dem Zucker und dem Zitronenaroma schaumig schlagen.

2. Das Mehl mit der Speisestärke und dem Backpulver vermischen, auf den Eischaum sieben und unterheben.

3. Die Masse in eine mit Backpapier ausgelegte Springform (26 cm Ø) füllen, glatt streichen und in dem auf 180 °C vorgeheizten Backofen 30 Minuten backen.

4. Nach Ende der Backzeit den Biskuit aus dem Ofen nehmen, das Backpapier abziehen und den Biskuit auf einem Kuchengitter erkalten lassen.

5. Den Biskuit oben gerade schneiden, einmal waagerecht durchschneiden und die Böden mit der Orangenmarmelade bestreichen.

6. Die Böden zusammensetzen und auf eine Tortenplatte legen. Den Rand mit Orangenmarmelade bestreichen und mit Mandelblättchen bestreuen.

7. Die Melonen schälen, entkernen, eine Melonensorte in Spalten schneiden, aus der anderen mit einem Kugelausstecher Kugeln ausstechen.

8. Die Mango schälen, das Fruchtfleisch vom Kern lösen und in Scheiben schneiden.

9. Die Sharonfrüchte schälen, halbieren, entkernen und in dünne Spalten schneiden.

10. Den Biskuit mit den Mangoscheiben und den Sharonspalten belegen, die Melonen dekorativ darauf verteilen.

11. Den Tortenguss nach Packungsanweisung zubereiten, die Früchte damit überziehen, den Guss trocknen lassen und den Vierfruchtkuchen gut gekühlt servieren.

Tipp:
Einen fertig gebackenen Biskuitboden löst man aus einer Springform, indem man zuerst den Formrand entfernt. Das klappt am besten, wenn die Form zuvor mit Backpapier ausgelegt wurde. Nun legt man ein Kuchengitter auf den Biskuit und wendet diesen. Anschließend entfernt man den Boden der Springform und zieht das Backpapier vorsichtig ab.

Menge:
Für 12–14 Stücke:

Schwierigkeit:
mittel

Zubereitungszeit:
50 Minuten
ohne Wartezeit

Himbeerröllchen

ZUTATEN

Für die Marmelade:
250 g Himbeeren
100 g Gelierzucker
½ Päckchen Orangenschalenaroma
5 EL Himbeerlikör

Für den Biskuit:
5 Eier
175 g Zucker
1 Päckchen Vanillezucker
1 Päckchen Zitronenaroma
75 g Mehl, Backpapier

Außerdem:
12 Papierförmchen
Puderzucker zum Bestäuben
Zitronenmelisseblättchen zum Garnieren

ZUBEREITUNG

1. Die Himbeeren verlesen, 200 g Himbeeren mit einer Gabel zerdrücken und den Rest zum Garnieren bereitlegen.

2. Das Himbeerpüree mit dem Gelierzucker und dem Orangenschalenaroma in einen Topf geben und gut verrühren.

3. Das Ganze unter Rühren zum Kochen bringen. Die Marmelade unter Rühren 3–4 Minuten sprudelnd kochen lassen.

4. Die Marmelade vom Herd nehmen, den Likör einrühren und die Marmelade bereitstellen. Wer keine Zeit hat, kann auch eine fertige Himbeermarmelade verwenden.

5. Die Eier mit dem Zucker, dem Vanillezucker und dem Zitronenaroma in eine Schüssel geben und schaumig schlagen. Das Mehl auf die Schaummasse sieben und unterziehen.

6. Ein Backblech mit Backpapier auslegen, die Masse einfüllen und glatt streichen. Im auf 180–200 °C vorgeheizten Backofen 15 Minuten backen, herausnehmen und auf ein mit Zucker bestreutes, sauberes Küchentuch stürzen.

7. Das Backpapier mit kaltem Wasser bestreichen und vorsichtig abziehen. Die Teigplatte mithilfe des Küchentuchs aufrollen und erkalten lassen.

8. Die Roulade entrollen, mit der noch warmen Himbeermarmelade bestreichen und wieder aufrollen. Die Roulade in 12 gleich große Stücke schneiden und diese in Papierförmchen setzen.

9. Die Himbeerröllchen mit Puderzucker bestäuben, mit Zitronenmelisseblättchen und den restlichen Himbeeren garnieren und bis zum Verzehr kühl aufbewahren.

Menge:
Für 12–14 Stücke:

Schwierigkeit:
leicht

Zubereitungszeit:
45 Minuten
ohne Wartezeit

Himbeeren:
Auch die Himbeeren sind eine Frucht mit vielen Vorzügen. Neben Provitamin A und Vitamin B enthalten Himbeeren eine große Menge Vitamin C, schon 150 Gramm enthalten ein Drittel des benötigten Tagesbedarfs eines Erwachsenen. Der Gehalt an Eisen in Himbeeren gilt als überdurchschnittlich und zusammen mit Vitamin C kann der Körper das Eisen besonders gut verwerten. Himbeeren enthalten viel Kalzium, Folsäure, Magnesium. Himbeeren haben durch die in ihnen vorhandenen Flavonoide eine antioxidative und blutreinigende Wirkung. Himbeeren haben pro 100 Gramm nur 34 Kilokalorien.

Wassermelonenschnitten

ZUTATEN

Für den Bröselboden:
Backpapier
Öl zum Bestreichen
250 g Löffelbiskuits
200 ml Prosecco oder Sekt

Für den Belag:
500 g Mascarpone light
50 g Zucker
1 kleine Wassermelone (ca. 1 kg)
Saft von ½ Zitrone
5 Blatt weiße Gelatine
200 ml Sahne

Außerdem:
Zitronenmelisseblättchen zum Garnieren

ZUBEREITUNG

1. Backpapier auf eine Tortenplatte legen und einen innen mit Öl bestrichenen Schnittenrahmen (24 x 34 cm) daraufsetzen.

2. Den Boden mit den Löffelbiskuits auslegen. Die Löffelbiskuits mit 100 ml Prosecco oder Sekt beträufeln.

3. Den restlichen Prosecco oder Sekt mit dem Mascarpone und dem Zucker in eine Schüssel geben und verrühren.

4. Die Melone halbieren, entkernen und mit einem Kugelausstecher Kugeln ausstechen. Die Kugeln in eine Schüssel geben, gut verschließen und für die Garnitur im Kühlschrank aufbewahren.

5. Das restliche Fruchtfleisch (etwa 250 g) im Mixer oder mit dem Pürierstab pürieren, mit dem Zitronensaft in einen Topf geben, erhitzen und vom Herd nehmen.

6. Die gewässerte, gut ausgedrückte Gelatine im Fruchtpüree auflösen und mit der Mascarponecreme vermischen.

7. Kurz vor dem Festwerden die geschlagene Sahne unterziehen. Die Masse auf die Löffelbiskuits geben, glatt streichen und im Kühlschrank vollständig – am besten über Nacht – durchkühlen lassen.

8. Die Torte aus dem Kühlschrank nehmen, den Schnittenrahmen entfernen, die Torte in Schnitten schneiden, dekorativ anrichten, mit den Melonenkugeln belegen, mit Zitronenmelisseblättchen garnieren und gut gekühlt servieren.

Variation:
Statt der Wassermelonen können Sie auch eine Charentais-Melone oder Honigmelone verwenden.

Menge:
Für 14–16 Stücke:

Schwierigkeit:
leicht

Zubereitungszeit:
45 Minuten ohne Wartezeit

Mascarpone-Pfirsich-Torte

ZUTATEN

1 Lage Wiener Boden, hell (26 cm Ø, Fertigprodukt)
100 g Zitronengelee

Für die Creme:
100 g Zitronengelee
1 EL Zucker
4 Blatt weiße Gelatine
500 g Mascarpone
200 ml Sahne

Außerdem:
1 Dose Pfirsichhälften (480 g Abtropfgewicht) oder die entsprechende Menge an frischen Früchten
1 Päckchen Tortenguss klar
50 g Zitronengelee
75 g Mandelblättchen

Menge:
Für 12–14 Stücke:

Schwierigkeit:
leicht

Zubereitungszeit:
35 Minuten ohne Wartezeit

ZUBEREITUNG

1. Den Biskuitboden auf eine Tortenplatte setzen, das Zitronengelee leicht erwärmen und den Boden damit bestreichen. Anschließend den Boden mit einem Tortenring umschließen.

2. Für die Creme das Zitronengelee und den Zucker in einen Topf geben und erwärmen. Die gut gewässerte Gelatine ausdrücken und im Zitronengelee vollständig auflösen.

3. Das Zitronengelee vom Herd nehmen und erkalten lassen. Kurz vor dem Festwerden den Mascarpone unterrühren und die geschlagene Sahne unterheben.

4. Die Mascarponecreme auf den Tortenboden geben, glatt streichen und im Kühlschrank – am besten über Nacht – durchkühlen lassen.

5. Die Pfirsiche gut abtropfen lassen – frische Früchte waschen und entkernen –, in Schnitze schneiden und auf der Torte gleichmäßig verteilen.

6. Den Tortenguss nach Packungsanweisung mit Pfirsichsaft zubereiten, auf die Pfirsiche geben, gleichmäßig darauf verteilen und den Guss im Kühlschrank vollständig fest werden lassen.

7. Vor dem Servieren die Torte aus dem Kühlschrank nehmen und den Tortenring entfernen.

8. Das restliche Zitronengelee leicht erwärmen, den unteren Rand der Torte damit bestreichen und die Mandelblättchen an die Torte kleben. Die Torte bis zum Verzehr kühl stellen.

Tipp:
Eine Springform legt man mit Backpapier aus, indem man ein ausreichend großes Stück Back-papier auf den Boden der Form legt und den Springformrand dann um den Boden herumklemmt. Überstehendes Papier wird abgeschnitten. Für das Auslegen einer Kastenform stellt man die Form auf ein ausreichend großes Stück Backpapier und klappt das Papier an den Schmal- und Längsseiten hoch. Die so entstandene Maske wird in die Form gedrückt und die überstehenden Teile werden abgeschnitten.

Schwarze Johannisbeertorte

ZUTATEN

2 Lagen Wiener Boden, hell (26 cm Ø, Fertigprodukt)
100 g schwarze Johannisbeermarmelade

Für die Creme:
100 g schwarzer Johannisbeersaft
100 g schwarze Johannisbeeren
75 g Zucker
½ TL Zimtpulver
Mark von 1 Vanilleschote
8 Blatt weiße Gelatine
500 g Magerquark
400 ml Sahne

Außerdem:
200 ml Sahne
2 TL San-apart
75 g leicht geröstete Mandelblättchen
schwarze Johannisbeeren zum Garnieren

Variation:
Statt der schwarzen Johannisbeeren können Sie auch rote Johannisbeeren oder Jostabeeren verwenden.

ZUBEREITUNG

1. Die Böden auf eine Arbeitsfläche legen und mit der Johannisbeermarmelade bestreichen. Einen Boden auf eine Tortenplatte legen und mit einem Tortenring umschließen.

2. Den Johannisbeersaft mit den verlesenen, gewaschenen Johannisbeeren im Mixer oder mit dem Pürierstab pürieren.

3. Das Püree mit dem Zucker, dem Zimtpulver und dem Vanillemark in einen Topf geben und erwärmen. Die gut gewässerte, ausgedrückte Gelatine darin auflösen, vom Herd nehmen und erkalten lassen.

4. Kurz vor dem Festwerden den Magerquark unterrühren und die geschlagene Sahne unterziehen.

5. Zwei Drittel der Quarkmasse auf den Tortenboden geben, glatt streichen, den zweiten Boden mit der Marmeladenseite nach unten auf die Creme legen und leicht andrücken.

6. Die restliche Creme auf die Torte geben, glatt streichen und die Torte im Kühlschrank – am besten über Nacht – vollständig durchkühlen lassen.

7. Die Torte aus dem Kühlschrank nehmen und den Tortenring entfernen.

8. Die Sahne mit dem San-apart steif schlagen, den Rand der Torte mit Sahne bestreichen und die restliche Sahne in einen Spritzbeutel mit Sterntülle füllen.

9. Die Torte mit den Mandelblättchen bestreuen, die Sahne auf den Rand dressieren, die Torte mit den verlesenen, gewaschenen, gut abgetropfte Johannisbeeren garnieren und bis zum Verzehr kühl stellen.

Menge:
Für 12–14 Stücke:

Schwierigkeit:
leicht

Zubereitungszeit:
35 Minuten ohne Wartezeit

Blaubeer-Joghurt-Torte

ZUTATEN

1 Glas Blaubeeren (270 g Abtropfgewicht)
1 Päckchen Tortenguss klar
2 EL Zucker

Für die Creme:
100 ml Milch
1 Päckchen Vanillezucker
50 g Zucker
8 Blatt weiße Gelatine
500 g Naturjoghurt
400 ml Sahne

Außerdem:
2 Lagen Wiener Boden, hell (26 cm Ø, Fertigprodukt)
200 ml süße Sahne
2 TL San-apart
75 g Haselnusskrokant
250 g frische Blaubeeren

ZUBEREITUNG

1. Die Blaubeeren über einem Sieb gut abtropfen lassen, den Saft auffangen und 250 ml Saft abmessen.

2. Den Tortenguss mit dem Blaubeersaft und dem Zucker nach Packungsanweisung zubereiten und zum Schluss die Blaubeeren unterrühren.

3. Die Milch mit dem Vanillezucker und dem Zucker in einem Topf erwärmen, die gut gewässerte, ausgedrückte Gelatine darin auflösen, vom Herd nehmen und erkalten lassen.

4. Kurz vor dem Festwerden den Joghurt unterrühren und die geschlagene Sahne unterziehen. Einen Boden auf eine Tortenplatte legen und mit einem Tortenring umschließen.

5. Die Creme einfüllen und glatt streichen. Die Blaubeeren am Rand der Torte rundherum einsinken lassen.

6. Den zweiten Boden darauflegen, leicht andrücken und die Torte im Kühlschrank – am besten über Nacht – vollständig durchkühlen lassen.

7. Die Torte aus dem Kühlschrank nehmen und den Tortenring entfernen. Die Sahne mit dem San-apart steif schlagen und die Torte damit rundherum bestreichen.

8. Die restliche Sahne in einen Spritzbeutel mit Lochtülle füllen. Die Torte mit Krokant bestreuen und die restliche Sahne auf die Torte dressieren.

9. Die Blaubeeren verlesen, waschen, trocken tupfen und die Torte mit den Blaubeeren garnieren, anschließend bis zum Verzehr kühl stellen.

Variation:
Statt der Blaubeeren können Sie auch Johannisbeeren oder Brombeeren verwenden.

Menge:
Für 12–14 Stücke:

Schwierigkeit:
leicht

Zubereitungszeit:
35 Minuten
ohne Wartezeit

Schneewittchentorte

ZUTATEN

Für den Biskuit:
2 Eier, 2 EL Wasser
150 g Zucker
50 g Weizenmehl
50 g Speisestärke
1 TL Backpulver
25 g Schokoblättchen
Backpapier

Für die Creme:
500 g Mascarpone
4 cl Himbeergeist
75 g Zucker
400 ml Sahne
4 TL San-apart

Außerdem:
75 g Schokoladenraspel
500 g Himbeeren (frisch oder TK-Produkt)
75 g Zucker
6 Blatt weiße Gelatine
Pfefferminzblättchen und frische Himbeeren zum Garnieren

Variation:
Statt des Mascarpones können Sie auch Ricotta oder Philadelphia verwenden.

Menge:
Für 12–14 Stücke:

Schwierigkeit:
mittel

Zubereitungszeit:
60 Minuten
ohne Wartezeit

ZUBEREITUNG

1. Die Eier mit dem Wasser und dem Zucker in eine Schüssel geben und schaumig schlagen. Das Weizenmehl mit der Speisestärke und dem Backpulver vermischen, auf die Eimasse sieben und mit den Schokoblättchen unterheben.

2. Eine Springform (26 cm Ø) mit Backpapier auslegen, die Teigmasse einfüllen, glatt streichen und in dem auf 180 °C vorgeheizten Backofen 25 Minuten backen.

3. Den fertig gebackenen Boden aus dem Ofen nehmen, erkalten lassen, aus der Form nehmen, auf eine Tortenplatte legen und mit einem Tortenring umschließen.

4. Den Mascarpone mit dem Himbeergeist und dem Zucker in eine Schüssel geben und glatt rühren. Die Sahne mit dem San-apart steif schlagen und unter die Mascarponecreme ziehen.

5. Die Hälfte der Creme auf den Boden geben, glatt streichen, mit Schokoladenraspeln bestreuen, die restliche Masse daraufgeben und glatt streichen. Die Torte im Kühlschrank mindestens zwei Stunden durchkühlen lassen.

6. Die Himbeeren verlesen, waschen, mit dem Zucker in einen Topf geben und einmal aufkochen lassen.

7. Das Himbeermus vom Herd nehmen, leicht erkalten lassen und die gut gewässerte, ausgedrückte Gelatine darin auflösen.

8. Kurz vor dem Festwerden das Himbeermus auf die Torte geben, glatt streichen und erneut im Kühlschrank – am besten über Nacht – vollständig durchkühlen lassen.

9. Die Schneewittchentorte aus dem Kühlschrank nehmen, den Tortenring entfernen, die Torte mit Pfefferminzblättchen und frischen Himbeeren garnieren und bis zum Verzehr kühl stellen.

Nektarinen-Gelee-Torte

ZUTATEN

1 Obstkuchen-Tortenboden (26 cm Ø, Fertigprodukt)
50 g Johannisbeergelee

Für die Creme:
150 ml Pfirsichsaft
50 g Zucker
1 Päckchen Vanillezucker
8 Blatt weiße Gelatine
250 g Magerquark
400 ml Sahne

Für den Belag:
800 g Nektarinen
Zuckerwasser

Außerdem:
350 ml Pfirsichsaft
50 g Zucker
4 Blatt weiße Gelatine
Zitronenmelisseblättchen zum Garnieren

ZUBEREITUNG

1. Den Tortenboden auf eine Tortenplatte legen, mit Johannisbeergelee bestreichen und mit einem Tortenring (26 cm Ø) umschließen.

2. Den Pfirsichsaft mit dem Zucker und dem Vanillezucker in einem Topf erwärmen, die gut gewässerte, ausgedrückte Gelatine darin auflösen, vom Herd nehmen und erkalten lassen.

3. Kurz vor dem Festwerden den Magerquark unterrühren und die geschlagene Sahne unterheben. Die Creme auf den Tortenboden geben und glatt streichen.

4. Die Nektarinen waschen, halbieren, entkernen, in Spalten schneiden und diese in kochendem Zuckerwasser kurz blanchieren. Die Nektarinen herausnehmen, gut abtropfen lassen und auf der Creme verteilen.

5. Den Pfirsichsaft mit dem Zucker in einem Topf erwärmen, die gut gewässerte, ausgedrückte Gelatine darin auflösen, vom Herd nehmen, erkalten lassen und gleichmäßig auf den Nektarinen verteilen. Die Torte im Kühlschrank – am besten über Nacht – vollständig durchkühlen lassen.

6. Die Torte aus dem Kühlschrank nehmen, den Tortenring entfernen, die Torte mit Zitronenmelisseblättchen garnieren und bis zum Verzehr kühl stellen.

Tipp:
Wenn es schnell gehen soll, können Sie auch einen fertigen Wiener Boden aus dem Kühlregal oder vom Konditor verwenden.

Menge:
Für 12–14 Stücke:

Schwierigkeit:
mittel

Zubereitungszeit:
35 Minuten
ohne Wartezeit

Großmutters Pfirsichwähe

ZUTATEN

Für den Quark-Öl-Teig:
150 g Quark, 300 g Mehl
1 Päckchen Zitronenaroma
75 g Zucker, 1 Ei, 4 EL Milch
4 EL neutrales Pflanzenöl
1 TL Backpulver
Butter zum Ausfetten

Für den Guss:
250 g Sauerrahm, 75 g Zucker
1 Ei, 2 TL Speisestärke
1 Päckchen Zitronenaroma

Außerdem:
1 Dose Pfirsichhälften (480 g Abtropfgewicht)
50 g Mandelblättchen
Puderzucker zum Bestäuben
frische Pfirsichschnitze zum Garnieren

Variation:

Nach dem Einkauf wird frisches Obst möglichst schnell verbraucht. Es wird sorgfältig verlesen und gründlich gewaschen. Beerenobst wird nur kurz mit kaltem Wasser abgebraust und nach dem Waschen trocken getupft. Für ein Kompott lässt man die Früchte mit wenig Wasser und etwas Zucker in einem Topf einige Minuten zugedeckt bei mäßiger Hitze leicht köcheln. Anschließend gießt man sie in ein Sieb, damit sie gut abtropfen können. Der Fruchtsaft wird aufgefangen und zur Zubereitung einer Fruchtfüllung oder für einen Guss.

Menge:
Für 14–16 Stücke:

Schwierigkeit:
mittel

Zubereitungszeit:
70 Minuten ohne Wartezeit

ZUBEREITUNG

1. Den Quark mit dem gesiebten Mehl, dem Zitronenaroma, dem Zucker, dem Ei, der Milch, dem Öl und dem Backpulver auf eine bemehlte Arbeitsfläche geben und das Ganze zu einem glatten, kompakten Teig verkneten.

2. Ein Backblech (28 x 28 cm) ausfetten, den Teig ausrollen, in die Form legen und einen kleinen Rand hochdrücken.

3. Für den Guss den Sauerrahm mit dem Zucker, dem Ei, der Speisestärke und dem Zitronenaroma in einer Schüssel so lange verrühren, bis sich der Zucker vollständig aufgelöst hat.

4. Den Guss gleichmäßig auf den Teig geben und glatt streichen.

5. Die gut abgetropften Pfirsichhälften mit der offenen Seite nach unten auf den Teig legen, mit den Mandelblättchen bestreuen und den Kuchen in dem auf 180 °C vorgeheizten Backofen 45 Minuten backen.

6. Die gebackene Pfirsichwähe aus dem Ofen nehmen, noch warm in Stücke schneiden, auf eine Kuchenplatte setzen und mit Puderzucker bestäuben. Mit frischen Pfirsichschnitzen garnieren, dekorativ anrichten und noch warm servieren.

Pflaumenkuchen mit Sauerrahmguss

ZUTATEN

Für den Mürbeteig:
250 g Mehl
1 Ei
150 g Zucker
1 Päckchen Zitronenaroma
150 g Butter
Butter zum Ausfetten
Semmelbrösel zum Bestreuen

Außerdem:
1,5 kg Pflaumen
300 g Sauerrahm
150 g Zucker
1 Päckchen Puddingpulver Vanillegeschmack
3 Eier
1 Päckchen Zitronenaroma

ZUBEREITUNG

1. Das Mehl auf eine Arbeitsfläche sieben, eine Mulde eindrücken und das Ei hineingeben.

2. Den Zucker und das Zitronenaroma darüberstreuen und die Butter in Flöckchen auf das Mehl setzen.

3. Die Zutaten mit bemehlten Händen von außen nach innen schnell zu einem glatten, kompakten Teig verkneten.

4. Den Teig auf einer bemehlten Arbeitsfläche in der Größe eines Backbleches (25 x 23 cm) ausrollen, auf das ausgefettete, mit Semmelbröseln bestreute Blech legen, einen Rand hochziehen und den Teig mit 4 EL Semmelbröseln bestreuen.

5. Die Pflaumen waschen, abtropfen lassen, halbieren, entsteinen, in Spalten schneiden und auf dem Teig verteilen.

6. Den Sauerrahm mit dem Zucker, dem Puddingpulver, den Eiern und dem Zitronenaroma verrühren und den Guss über den Pflaumen verteilen.

7. Den Kuchen im auf 180 °C vorgeheizten Backofen 50 Minuten backen, herausnehmen, erkalten lassen, in Stücke schneiden und servieren.

Variation:
Statt der Pflaumen können Sie auch Kirschen verwenden. Besonders fein wir die Torte, wenn Sie Sauerkirschmarmelade und Süßkirschen für den Belag verwenden.

Menge:
Für 12–14 Stücke:

Schwierigkeit:
mittel

Zubereitungszeit:
70 Minuten
ohne Wartezeit

Käsekuchen ohne Boden

ZUTATEN

Butter zum Ausfetten
Backpapier
Semmelbrösel zum Bestreuen
8 Eier, 220 g Zucker
1 Päckchen Vanillezucker
1 Päckchen Orangenaroma
800 g Quark, 130 g Mehl
200 g flüssige Butter
125 ml Milch
Kakaopulver und Puderzucker zum Bestäuben
Physalis zum Garnieren

Menge:
Für 12–14 Stücke:

Schwierigkeit:
leicht

Zubereitungszeit:
80 Minuten
ohne Wartezeit

ZUBEREITUNG

1. Eine Springform (26 cm Ø) ausfetten. Das Backpapier in der Größe der Springform rund ausschneiden und auf den Boden der Form legen. Den Rand mit Semmelbröseln bestreuen.

2. Die Eier mit dem Zucker, dem Vanillezucker und dem Orangenaroma in einer Schüssel schaumig schlagen.

3. Zuerst den Quark unterrühren. Anschließend das gesiebte Mehl und zum Schluss die flüssige Butter und die Milch unterrühren.

4. Die Käsemasse in die Form füllen, glatt streichen und in dem auf 180 °C vorgeheizten Backofen 50–60 Minuten backen.

5. Den Käsekuchen herausnehmen, erkalten lassen, auf ein Kuchengitter stürzen und anschließend auf eine Tortenplatte legen.

6. Das Kakaopulver mithilfe einer Schablone auf den Käsekuchen sieben. Am Rand mit Kakaopulver und Puderzucker bestäuben, mit Physalis garnieren und kühl aufbewahren.

Ananastarte

(ohne Abbildung)

ZUTATEN

200 g Mehl, 1 Eigelb
125 g Zucker
1 Päckchen Zitronenaroma
150 g Butter
Butter zum Ausfetten
Semmelbrösel zum Ausstreuen
getrocknete Hülsenfrüchte zum Blindbacken
1 Päckchen Puddingpulver Vanillegeschmack
400 ml Ananassaft, 1 EL Zucker
1 frische Ananas
1 Päckchen Tortenguss klar
30 g gehackte Pistazien

Menge:
Für 12–14 Stücke:

Schwierigkeit:
leicht

Zubereitungszeit:
60 Minuten
ohne Wartezeit

ZUBEREITUNG

1. Das Mehl auf eine Arbeitsfläche sieben, eine Mulde eindrücken und das Eigelb hineingeben. Zucker und Zitronenaroma darüberstreuen, die Butter in Flöckchen auf das Mehl setzen und die Zutaten mit bemehlten Händen zu einem glatten Teig verkneten.

2. Den Teig durchkneten, in der Größe einer Springform (26 cm Ø) ausrollen, in die ausgefettete, mit Semmelbröseln ausgestreute Form legen und einen kleinen Rand hochziehen.

3. Ein Stück Alufolie auf den Mürbeteig legen. Die Hülsenfrüchte darauf verteilen und den Teig im auf 180 °C vorgeheizten Backofen 35 Minuten backen. Nach Ende der Backzeit den Kuchen herausnehmen, die Hülsenfrüchte und die Alufolie entfernen, den Kuchen erkalten lassen und auf eine Tortenplatte legen.

5. Aus Puddingpulver, Ananassaft und Zucker einen Pudding kochen. Noch heiß auf dem Boden glatt streichen und erkalten lassen. Die Ananas schälen, vierteln, den Strunk herausschneiden, das Fruchtfleisch in Stücke schneiden und den Kuchen damit belegen.

7. Den Tortenguss nach Packungsanweisung zubereiten, die Ananastarte damit überglänzen, den Rand mit Pistazien bestreuen, den Guss trocknen lassen und die Ananastarte servieren.

Blätterteig-Birnen-Kuchen

ZUTATEN

1 Packung Blätterteig (450 g, TK-Fertigprodukt)
Butter zum Ausfetten
Wasser zum Bestreichen
2 Dosen Birnen (à 460 g)
100 g Akazienhonig
1 Packung Tortenguss klar
Puderzucker zum Bestäuben

ZUBEREITUNG

1. Den Blätterteig auf einer Arbeitsfläche auftauen lassen.

2. Drei Blätterteigscheiben auf einer bemehlten Arbeitsfläche aufeinanderlegen, ausrollen und einen Kreis von 26 cm Ø ausschneiden.

3. Eine Springform (26 cm Ø) ausfetten und den Teig in die Form legen.

4. Die restlichen Blätterteigabschnitte und die Blätterteigscheiben leicht zusammenkneten.

5. Den Teig in zwei Teile teilen, jeden Teil zu einem langen Strang ausrollen und beide Stränge miteinander zu einer Kordel verschlingen.

6. Den Blätterteigboden mit Wasser bestreichen und die Teigkordel an den Rand legen. Die Birnen gut abtropfen lassen und den Saft dabei auffangen.

7. Die Birnen in Stücke schneiden und gleichmäßig auf den Blätterteigboden legen.

8. Die Birnen mit dem Akazienhonig beträufeln und den Kuchen 20 Minuten ruhen lassen.

9. Anschließend den Kuchen im auf 180–200 °C vorgeheizten Backofen 40 Minuten backen.

10. Den fertig gebackenen Kuchen aus dem Ofen nehmen und auskühlen lassen.

11. Den Tortenguss mit dem Birnensaft nach Packungsanweisung zubereiten, gleichmäßig auf den Birnen verteilen und im Kühlschrank fest werden lassen.

12. Den Blätterteig-Birnen-Kuchen mit Puderzucker bestäuben und gut gekühlt servieren.

Variation:
Statt der Birnen können Sie auch Äpfel verwenden. Besonders fein wir der Kuchen, wenn Sie Pflaumen und Mirabellen verwenden.

Menge:
Für 12–14 Stücke:

Schwierigkeit:
leicht

Zubereitungszeit:
60 Minuten
ohne Wartezeit

Multivitaminkuchen

ZUTATEN

Für den Mürbeteig:
225 g Mehl
1 Eigelb
1 EL Milch
150 g Zucker
1 Päckchen Orangenaroma
150 g Butter
Butter zum Ausfetten
Semmelbrösel zum Ausstreuen

Außerdem:
1 große Dose Pfirsichhälften
2 Päckchen Puddingpulver Vanillegeschmack
800 ml Multivitaminsaft
2 EL Zucker
Pfirsichhälften zum Garnieren
Puderzucker zum Bestäuben
Mandelblättchen zum Bestreuen

ZUBEREITUNG

1. Das Mehl auf eine Arbeitsfläche sieben, eine Mulde eindrücken, das Eigelb und die Milch hineingeben. Den Zucker und das Orangenaroma darüberstreuen und die Butter in Flöckchen auf das Mehl setzen.

2. Die Zutaten mit bemehlten Händen schnell zu einem glatten, kompakten Teig verkneten.

3. Den Teig auf einer bemehlten Arbeitsfläche durchkneten, in der Größe einer Springform (26 cm Ø) ausrollen, in die ausgefettete, mit Semmelbröseln ausgestreute Form legen und einen Rand hochziehen.

4. Die Pfirsiche gut abtropfen lassen, drei Hälften zum Garnieren beiseitelegen, die restlichen Pfirsiche auf den Mürbeteig legen.

5. Aus Puddingpulver, Multivitaminsaft und Zucker einen Pudding kochen und noch heiß auf den Pfirsichen verteilen.

6. Den Kuchen im auf 180 °C vorgeheizten Backofen ca. 35 Minuten backen. Aus dem Ofen nehmen, in der Form erkalten lassen und auf eine Tortenplatte legen.

7. Die Pfirsichhälften in Spalten schneiden und den Kuchen damit garnieren.

8. Aus Pergamentpapier Streifen schneiden, diese gitterförmig auf den Kuchen legen und mit dem Puderzucker bestäuben.

9. Die Streifen vorsichtig abnehmen, den Kuchenrand mit Mandelblättchen bestreuen und den Multivitaminkuchen gut gekühlt servieren.

Variation:
Statt des Multivitaminsaftes können Sie auch jeden anderen Fruchtsaft verwenden. Versuchen Sie doch auch einmal einen Aronia-, Sanddorn- oder Karottensaft.

Menge:
Für 12–14 Stücke:

Schwierigkeit:
leicht

Zubereitungszeit:
60 Minuten
ohne Wartezeit

Limetten-Kokos-Käsekuchen

ZUTATEN

Für den Mürbeteig:
250 g Mehl, 1 Ei
120 g Butter
150 g Zucker
1 Päckchen Zitronenaroma
Backpapier
50 g Kokosraspel

Für die Quarkmasse:
5 Eier
200 g Zucker
50 g Speisestärke
1 kg Magerquark
Schale und Saft von 3 unbehandelte Limetten
100 g flüssige Butter
200 ml Sahne

Außerdem:
Mandelblättchen zum Bestreuen
Limettenscheiben und Minzezweige zum Garnieren

Variation:
Statt der Limetten können Sie auch Zitronen verwenden.

Menge:
Für 12–14 Stücke:

Schwierigkeit:
mittel

Zubereitungszeit:
80 Minuten ohne Wartezeit

ZUBEREITUNG

1. Das Mehl auf eine Arbeitsfläche sieben, eine Mulde eindrücken und das Ei hineingeben.

2. Die Butter in Flöckchen daraufsetzen, den Zucker und das Zitronenaroma darüberstreuen und die Zutaten von außen nach innen schnell zu einem glatten, kompakten Mürbeteig verkneten.

3. Den Teig in Klarsichtfolie wickeln und im Kühlschrank mindestens eine Stunde ruhen lassen.

4. Den Teig auf einer bemehlten Arbeitsfläche in der Größe einer Springform (26 cm Ø) ausrollen.

5. Die Form mit Backpapier auslegen, den Teig einlegen und einen Rand hochdrücken. Den Teig gleichmäßig mit den Kokosraspeln bestreuen.

6. Für die Quarkmasse die Eier mit dem Zucker schaumig schlagen. Die Speisestärke unterheben.

7. Den Quark, die abgeriebenen Limettenschalen, den Limettensaft und die flüssige Butter einrühren. Zum Schluss die Sahne untermischen und alles gut verrühren.

8. Die Quarkmasse auf den Teig geben, glatt streichen und in dem auf 180 °C vorgeheizten Backofen 50 Minuten backen. Den Kuchen aus dem Ofen nehmen, erkalten lassen und auf eine Tortenplatte setzen.

9. Den Limetten-Kokos-Käsekuchen mit Mandelblättchen bestreuen, mit Limettenscheiben und Minzezweigen garnieren, dekorativ anrichten und servieren.

Käsekuchen klassisch

ZUTATEN

Für den Mürbeteig:
400 g Mehl
½ Päckchen Backpulver
175 g Zucker
1 Ei
175 g Butter
Butter zum Ausfetten

Für die Quarkmasse:
3 Eigelb
220 g Zucker
1 Päckchen Zitronenaroma
1 kg Magerquark
50 g Mehl
200 ml Milch
125 ml Sahne
3 Eiweiß

Außerdem:
Puderzucker zum Bestäuben
20 g Mandelblättchen

ZUBEREITUNG

1. Das Mehl mit dem Backpulver auf eine Arbeitsfläche sieben, den Zucker darüberstreuen und eine Mulde in die Mitte drücken.

2. Das Ei hineingleiten lassen und die Butter in Flöckchen an den Rand setzen. Das Ganze schnell zu einem glatten Teig verkneten.

3. Anschließend auf einer bemehlten Arbeitsfläche ausrollen und eine ausgefettete Springform (28 cm Ø) damit auslegen, dabei einen 3 cm hohen Rand formen.

4. Den Boden mit einer Gabel mehrmals einstechen und in dem auf 175–180 °C vorgeheizten Backofen 15 Minuten vorbacken.

5. Die Eigelbe mit dem Zucker und dem Zitronenaroma schaumig schlagen. Den Quark mit dem Mehl und der Milch glatt rühren und unterrühren. Die Sahne und die Eiweiße getrennt steif schlagen und unterheben.

6. Die Masse auf den Mürbeteig füllen, glatt streichen und den Kuchen in dem auf 180–200 °C vorgeheizten Backofen 45–50 Minuten backen. Herausnehmen und in der Form erkalten lassen.

7. Den Käsekuchen aus der Form lösen, mit Puderzucker bestäuben und den Rand mit Mandelblättchen belegen. Den Kuchen in Stücke schneiden und servieren.

Tipp:

Bei der Zubereitung von Käsekuchen sollte man immer auf die Frische und die Qualität der verwendeten Produkte achten. Damit der Käsekuchen gut gelingen kann, dürfen die Zutaten nicht zu kalt sein.

Käsekuchen:

Beim Backen des Käsekuchens muss man auch unbedingt auf die richtige Temperatur achten, denn zu viel Hitze tut diesem Kuchen nicht gut. Am besten schiebt man ihn bei etwa 170–180 °C Ober- und Unterhitze in das untere Drittel des Backofens. Bei einem Heißluftherd empfiehlt sich eine Temperatur von etwa 150 °C. Damit der Kuchen beim Backen keine Zugluft erhält und die Oberfläche nicht reißt, sollte die Tür des Backofens möglichst lange geschlossen bleiben und frühestens nach 30 Minuten zur ersten Kontrolle geöffnet werden.

Menge:
Für 12–14 Stücke:

Schwierigkeit:
mittel

Zubereitungszeit:
80 Minuten
ohne Wartezeit

Brombeerschnitten mit Zitronen-Kokos

ZUTATEN

Für den Rührteig:
125 g Butter
125 g Zucker
1 Päckchen Zitronenaroma
4 Eier
250 g Mehl
3 gestrichene TL Backpulver
Butter zum Ausfetten
Semmelbrösel zum Bestreuen

Für den Zitronen-Kokos:
200 g Kokosflocken
3 Eier
Saft von 1 Zitrone
50 g Zucker

Für die Creme:
200 g Brombeeren
75 g Zucker
Saft von 1 Zitrone
6 Blatt weiße Gelatine
300 g Naturjoghurt
600 ml Sahne

Außerdem:
200 ml Sahne
2 TL San-apart
Kokosflocken zum Bestreuen
Brombeeren zum Garnieren

ZUBEREITUNG

1. Die Butter mit dem Zucker und dem Zitronenaroma schaumig schlagen. Die Eier einzeln nach und nach kräftig unterrühren.

2. Das Mehl mit dem Backpulver vermischen, auf die Masse sieben und unterrühren. Den Teig auf ein gefettetes, mit Semmelbröseln bestreutes Backblech (24 x 30 cm) geben und glatt streichen.

3. Die Kokosflocken mit den Eiern, dem Zitronensaft und dem Zucker zu einer glatten Masse verrühren. Die Masse in einen Spritzbeutel mit Lochtülle füllen und Tupfen in den Teig spritzen.

4. Den Kuchen im auf 180 °C vorgeheizten Backofen 35 Minuten backen. Anschließend aus dem Ofen nehmen, erkalten lassen, auf eine Tortenplatte legen und mit einem Schnittenrahmen umschließen.

5. Für die Creme die verlesenen Brombeeren mit dem Zucker und dem Zitronensaft in einen Topf geben und erhitzen. Die gewässerte, gut ausgedrückte Gelatine in der noch warmen Masse auflösen.

6. Kurz vor dem Festwerden den Joghurt und die steif geschlagene Sahne unterheben. Die Creme auf dem Tortenboden glatt streichen und im Kühlschrank – am besten über Nacht – fest werden lassen.

7. Die Torte aus dem Kühlschrank nehmen und den Schnittenrahmen entfernen. Die Sahne mit dem San-apart steif schlagen, in einen Spritzbeutel mit Sterntülle füllen und auf die Torte dressieren. Die Torte mit Kokosflocken bestreuen, mit Brombeeren garnieren, in Stücke schneiden und bis zum Verzehr kühl stellen.

Menge:
Für 12–14 Stücke:

Schwierigkeit:
mittel

Zubereitungszeit:
60 Minuten ohne Wartezeit

Register

Register

Impressum

garant Verlag GmbH
Benzstr. 56
71272 Renningen

Umschlaggestaltung: garant Verlag GmbH

www.garant-verlag.de

ISBN 978-3-7359-2294-6